ars vivendi

Geassa wiard dahoim

Das Kochbuch Allgäuer Landfrauen

ars vivendi

Der Verlag ließ bei der Erstellung dieses Buches größtmögliche Sorgfalt walten, für dennoch vorhandene Fehler kann keine Haftung übernommen werden. Anregungen und Kritik sind herzlich willkommen.

Zweite, korrigierte Auflage 2011

www.arsvivendi.com

Lektorat: Ute Fuchs
Redaktion: Michael Gößwein
Typografie und Ausstattung: ars vivendi verlag
Illustrationen: Martina Schlenke
Druck: freiburger graphische betriebe, Freiburg
Printed in Germany

ISBN 978-3-86913-047-7

Inhalt

Vorwort

Allgäu – das sind Berge und Seen, sattgrüne Wiesen und Kühe. Die Ferienregion, die den südwestlichsten Teil Bayerns und das äußerste südöstliche Baden-Württemberg umfasst, hat aber noch mehr zu bieten als nur Landschaftsidylle und Alpenfolklore. Zum Beispiel eine traditionelle Küche, die einfach und bodenständig, dafür aber nicht weniger köstlich ist. Und die sich auch überregional großer Beliebtheit erfreut – man denke da nur an Spätzle oder Schupfnudeln.

Die klassische Allgäuer Küche besteht vorwiegend aus Zutaten, die in den früheren, ärmlichen Zeiten des Gebiets leicht erhältlich waren. Aus Mehl, Milch, Eiern, Fett, Sauerkraut und Kartoffeln haben Allgäuer Bäuerinnen deftige, nahrhafte und dabei immer auch erschwingliche Gerichte gezaubert.

Viele der so entstandenen Köstlichkeiten kommen heute noch auf den Allgäuer Tisch. Das zeigt die Zusammenstellung in diesem Band, für den Allgäuer Landfrauen – und auch der eine oder andere »Landmann« – ihre Lieblingsrezepte zur Verfügung gestellt haben. Da finden sich mit *Kässpatzen*, *Krautwickeln*, *Versoffener Jungfer* oder *Katzegschrei* allerlei schwäbische Traditionsgerichte.

Darüber hinaus präsentiert *Geassa wiard dahoim* jedoch auch Trendiges wie die *Zucchinitorte* oder das *Weißbier-Tiramisu*. Das Buch spiegelt somit die große Bandbreite all dessen wider, was in Allgäuer Haushalten gegenwärtig gerne gekocht wird und sich im Küchenalltag bewährt hat.

Wir bedanken uns herzlich bei allen, die dieses Projekt mit ihren Rezepten ermöglicht haben. Unseren Leserinnen und Lesern wünschen wir viel Vergnügen beim Nachkochen und einen guten Appetit.

Redaktion und Verlag

Brotzeit

Lumpasupp

Für 4 Personen:
300 g rote Bratwürste
200 g Emmentaler, in Scheiben
1 große Zwiebel

Für die Marinade:
4 EL Weißweinessig
Salz, Pfeffer, Zucker
2 EL Wasser
6 EL Sonnenblumenöl

Die roten Bratwürste in Scheiben und die Käsescheiben in Streifen schneiden. Beides in einer Schüssel mischen. Die Zwiebel schälen und in Scheiben schneiden, über Wurst und Käse verteilen.

Den Essig mit Salz, Pfeffer und Zucker verquirlen, Wasser und Öl unterschlagen. Die Marinade über die Zutaten in der Schüssel gießen und alles vermengen. Mindestens 15 Minuten ziehen lassen, dann servieren.

Tipp: Dazu passt deftiges Bauernbrot.
Tanja Koschmieder, Benningen

Frühlingsaufstrich

Für 4 Personen:
100 g saure Sahne
100 g Frischkäse
3 EL Magerquark
1 Zwiebel
1 rote Paprika
1/2 Salatgurke
1 Bund Schnittlauch
Salz, Pfeffer, Paprikapulver

Saure Sahne, Frischkäse und Quark miteinander verrühren. Zwiebel, Paprika und Gurke in feine Würfel, den Schnittlauch in Ringe schneiden. Unter die Sahne-Frischkäse-Quark-Mischung rühren, den Aufstrich mit Salz, Pfeffer und Paprika abschmecken.
Margit Angerhofer, Lechbruck

Schinkenaufstrich

Für 4 Personen:
100 g Magerquark
100 g Frischkäse
80 g Schinken, gekocht
150 g Essiggurken
Salz, Pfeffer
scharfer Senf, Meerrettich

Quark und Frischkäse gut verrühren. Den Schinken und die Essiggurken in kleine Würfel schneiden und dazugeben. Mit Salz, Pfeffer, Senf und etwas Meerrettich abschmecken.
Margit Angerhofer, Lechbruck

Eieraufstrich

Die Eier mit der Gabel zerdrücken. Zwiebel in sehr kleine Würfel schneiden. Kräuterfrischkäse und Schmelzkäse miteinander verrühren. Eier, Zwiebel und Gewürze dazugeben. Mit Senf, Maggi und Worcestersauce abschmecken.

Margit Angerhofer, Lechbruck

Für 4 Personen:
6 Eier, hart gekocht
200 g Kräuterfrischkäse
1–2 Ecken Schmelzkäse
1 Zwiebel
Salz, Pfeffer
scharfer Senf, Maggi
Worcestersauce

Karottenaufstrich

Karotten, Apfel und Zwiebel klein schneiden. In einem Topf mit Butter und wenig Wasser weich dünsten und anschließend pürieren. Mayonnaise, saure Sahne und Meerrettich in die Karottenmasse rühren und alles gut vermischen. Mit Salz und Pfeffer abschmecken. Petersilie und Schnittlauch fein hacken und unterrühren.

Margit Angerhofer, Lechbruck

Für 4 Personen:
250 g Karotten
1 Apfel
1 Zwiebel
1 EL Butter
1 EL Mayonnaise
1 EL saure Sahne
1/2 TL Meerrettich
Salz, Pfeffer
Schnittlauch, Petersilie

Stinkkäsaufstrich

Den Limburger putzen (die Rotschmiere entfernen) und in kleine Würfel schneiden. Den Emmentaler ganz fein reiben. Die Zwiebel fein würfeln, Knoblauchzehe zerdrücken.

Mayonnaise mit Sahne und etwas Meerrettich verrühren, würzen und anschließend mit dem Käse, der Zwiebel und der durchgedrückten Knoblauchzehe vermischen. Gut durchziehen lassen.

Ute Keppeler, Blöcktach

Für 4 Personen:
125 g Limburger
100 g Emmentaler
1 Zwiebel
1 Knoblauchzehe
4 EL Mayonnaise
1 EL Sahne
etwas geriebener
Meerrettich
1/2 TL Kümmel, gemahlen
Salz

Allgäuer Käsetopf

Für 4 Personen:
1/4 Sellerieknolle
2 säuerliche Äpfel
Zitronensaft
250 g Camembert
50 g Mayonnaise
1 Becher Naturjoghurt
Pfeffer, Muskat, Curry
10 Walnusskernhälften

Den rohen Sellerie schälen und grob raspeln, die Äpfel schälen und bis auf ein Viertel (zum Verzieren) ebenfalls raspeln, anschließend beides sofort mit Zitronensaft beträufeln. Den Camembert, der recht fest, aber doch durchgereift sein sollte, in nicht zu kleine Würfel schneiden. Die Mayonnaise mit dem Joghurt gut verschlagen und mit Pfeffer, etwas Muskat und wenig Currypulver würzen.

Den Großteil der Walnusskerne grob raspeln und dazugeben, einige zum Verzieren aufheben. Sellerie und Äpfel gut mit der Joghurtmasse vermischen, dann vorsichtig die Camembertwürfel unterheben. In eine Schüssel füllen, den Apfelrest in Spalten schneiden und mit den restlichen Walnusskernhälften obenauf legen.

Waltraud Küchle, Memmingen

Saurer Käs

Für 4 Personen:
2 Zwiebeln
2 EL Essig
3 EL Öl
grober schwarzer Pfeffer
4 Stück Romadur, je 100 g
etwas gehackter Schnittlauch

Die Zwiebeln in feine Ringe schneiden. Aus Essig, Öl und Pfeffer eine Marinade anrühren und die Zwiebelringe darin ziehen lassen. Den Käse putzen, also die Rotschmiere entfernen, und in dickere Scheiben schneiden. Auf Tellern verteilen und die marinierten Zwiebeln darübergeben. Mit Schnittlauch bestreuen.

Tipp: Dazu am besten frisches Schwarzbrot reichen.

Michaela Epple, Leuterschach

Suppen & Vorspeisen

Kartoffel-Karotten-Suppe

Für 3–4 Personen:
6 große Kartoffeln
5 Karotten
1,5 l Milch
1 Suppenwürfel Gemüsebrühe
4 Wienerle
1 Schuss Sahne
etwas fein gehackter Schnittlauch

Die Kartoffeln schälen und in Würfel schneiden. Die Karotten ebenfalls säubern und würfeln, beides zusammen in einem Topf mit Wasser garen.

Wenn das Gemüse gar ist, bis auf etwa 1/2 Glas das Wasser abgießen und die Milch über die Kartoffeln und Karotten gießen. Den Suppenwürfel dazugeben. Alles mit einem Pürierstab fein pürieren. Falls die Suppe zu dick gerät, einfach noch etwas Milch nachgeben.

Die Wienerle in feine Scheibchen schneiden und mit der Suppe kurz aufkochen. Ein kleiner Schuss Sahne und ein wenig fein gehackter Schnittlauch runden die Suppe ab.

Yasmine Irmer, Oy-Mittelberg

Kartoffeleinlaufsuppe

Für 4 Personen:
1–2 Kartoffeln
1 Ei
Salz
1,25 l Brühe
Petersilie, gehackt
Majoran, gehackt

Die Kartoffeln schälen und in eine Schüssel reiben. Mit Ei und Salz verrühren. Die Brühe zum Kochen bringen und die Kartoffelmasse hineinlaufen lassen. Anschließend 15–20 Minuten köcheln lassen. Abschmecken und vor dem Servieren mit den gehackten Kräutern bestreuen.

Barbara Enzensberger, Stötten am Auerberg

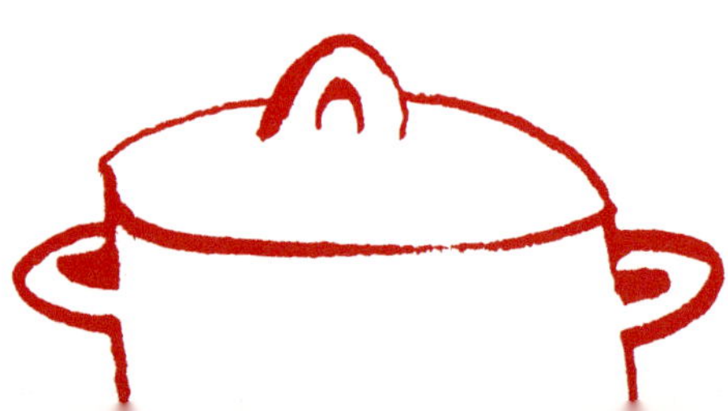

Flädlesuppe

Für 4 Personen:
200 g Mehl
3 Eier
1 1/2 Tassen Milch
Salz, Muskat
1 l Brühe
etwas Petersilie, gehackt
Fett zum Ausbacken

Mehl, Eier, Milch, Salz, Muskat und Petersilie zu einem dünnflüssigen Teig verrühren. In einer Pfanne mit wenig Fett dünne Fladen herausbacken und auskühlen lassen.

Danach die Fladen halbieren, zusammenrollen und in feine Streifen schneiden. Die Flädle in eine Schüssel geben und mit den Händen etwas auflockern. Die Brühe erhitzen.

Kurz vor dem Servieren die Flädle mit der heißen Brühe übergießen, mit Petersilie bestreuen.

Brigitte Brutscher, Fischen

Brätspätzlesuppe

Für 4 Personen:
1 Zwiebel
1 l Fleischbrühe
250 g Brät
3 Eier
125 ml Milch
250 g Mehl
abgeriebene Schale von 1/2 Zitrone
Salz, Muskat
Petersilie, gehackt
Fett zum Braten

Die Zwiebel fein hacken und in etwas Fett goldgelb rösten. Salzwasser für die Spätzle zum Kochen bringen, außerdem in einem extra Topf die Fleischbrühe erhitzen.

Inzwischen Brät, geröstete Zwiebelstückchen, Eier, Milch, Mehl, Zitronenschale und Gewürze zu einem dickflüssigen Teig anrühren. Mit einem Spätzlehobel ins siedende Wasser hobeln. Aufkochen lassen.

Die fertigen Spätzle mit einem Schaumlöffel aus dem Wasser nehmen und in die heiße Fleischbrühe geben. Vor dem Servieren mit Petersilie bestreuen.

Susanne Bausch, Kierwang

Kürbiscremesuppe

Für 4 Personen:
500 g Kürbisfleisch
150 g Karotten
50 g Zwiebeln
750 ml Gemüsebrühe
2 EL Zitronensaft
Salz, Cayennepfeffer
Ingwerpulver
4 TL saure Sahne
Dillspitzen
Öl zum Dünsten

Das Gemüse in Würfel schneiden und in Öl andünsten, anschließend mit der Gemüsebrühe aufgießen. 15 Minuten leise kochen lassen, dann pürieren und mit Salz, Cayennepfeffer, Ingwerpulver und Zitronensaft abschmecken.

Die Suppe in Tellern anrichten, jeweils saure Sahne leicht unterheben und Dillspitzen darüberstreuen.

Tipp: Mit Kürbiskernen garniert schmeckt die Suppe besonders gut.
Christoph Diebolder, Lachen

Grießsuppe mit Kartoffelnudeln

Für 4 Personen:
50 g Grieß
1 TL Butter
1 l Wasser
etwas Brühe
Muskat
1 Ei
etwas Schnittlauch oder Petersilie, gehackt

Für die Kartoffelnudeln:
500 g Kartoffeln
1 Ei
Salz
50–75 g Mehl
Fett zum Rösten

Die Kartoffeln kochen, schälen und noch heiß durch die Kartoffelpresse drücken. Ist diese Masse etwas abgekühlt, gibt man das Ei, Salz und Mehl hinzu. Das Ganze schnell zusammenkneten, fingerdicke Nudeln formen und in 6–8 cm lange Stücke schneiden. In heißem Fett goldgelb rösten, dabei immer wieder wenden.

Für die Suppe den Grieß in der Butter goldgelb rösten. Danach mit Wasser aufgießen und etwa 10 Minuten köcheln lassen. Mit Suppenbrühe und Muskat würzen.

Zum Schluss wird ein verquirltes Ei in die Suppe gerührt. Mit Schnittlauch oder Petersilie bestreuen. Erst bei Tisch gibt sich jeder beliebig viele Kartoffelnudeln in die Grießsuppe.
Margit Angerhofer, Lechbruck

Grießknödelsuppe

Milch mit Butter und Salz aufkochen. Den Grieß einrühren, aufkochen, abrühren und etwas abkühlen lassen. Dann die Eier unterrühren und mit Muskat würzen. Mit einem Esslöffel kleine Knödel abstechen und in Salzwasser 15–20 Minuten ziehen lassen.

Inzwischen die Fleischbrühe erhitzen und die fertigen Knödel hineingeben. Mit Schnittlauch und Petersilie bestreuen.

Vevi Diebolder, Lachen

Für 4 Personen:
250 ml Milch
65 g Butter
Salz
125 g Grieß
3 Eier
Muskat
1 l Fleischbrühe
etwas Schnittlauch und Petersilie, gehackt

Brätknödelsuppe

Salzwasser für die Knödel zum Kochen bringen, außerdem in einem extra Topf die Fleischbrühe erhitzen. Inzwischen das Brät und die Milch mit dem Mixer gut verrühren. Die Eier und die fein gehackte Zwiebel dazugeben. Ebenso das Mehl, die Gewürze, Petersilie und Zitronenschale. Dann so viele Semmelbrösel hinzugeben, bis ein dicklicher Teig entsteht.

Aus der Masse mit einem Esslöffel kleine Knödel in der Hand formen und diese ins kochende Salzwasser geben. 10–15 Minuten ziehen lassen. Die fertigen Knödel abschöpfen und in die heiße Fleischbrühe geben.

Marlene Häfele, Schwangau

Für 8 Personen:
500 g Brät
250 ml Milch
5 Eier
1 große Zwiebel, fein gehackt
50 g Mehl
Salz, Muskat
etwas gehackte Petersilie
abgeriebene Schale von 1/2 Zitrone
Semmelbrösel je nach Bedarf
2 l Fleischbrühe

Festtagssuppe

Für 8 Personen:
Für die Brätknödel:
500 g Kalbsbrät
3 Eiweiß
125 ml Sahne
3 EL Mehl
1 Msp. Backpulver
etwas Zitronensaft
Muskat, Salz, Pfeffer

Für die gebackenen Grießknödel:
1 l Milch
250 g Grieß
4–5 Eier
Salz, Pfeffer, Muskat
Fett zum Ausbacken

2 l Fleischbrühe

Salzwasser zum Kochen bringen und inzwischen alle Zutaten für die Brätknödel mit dem Handrührgerät gut verarbeiten. Kleine Knödel formen und ins nicht mehr kochende Wasser einlegen. 10–15 Minuten ziehen lassen.

In einem extra Topf die Fleischbrühe erhitzen. Für die Grießknödel die Milch mit Grieß, Salz, Pfeffer und Muskat aufkochen, ganz heiß die Eier zugeben und gut verrühren. Sofort mit einem Löffel Knödel formen und in heißem Fett schwimmend goldbraun herausbacken. Beide Einlagen in die Fleischbrühe geben und servieren.

Waltraud Küchle, Memmingen

Käsknödelsuppe

Für 4 Personen:
1 l Fleischbrühe
65 g Butter
3 Eier
100 g Emmentaler, gerieben
120 g Semmelbrösel
1 EL Mehl
1 EL Milch
1 EL Schnittlauch
1 EL Petersilie
Salz, Pfeffer, Muskat

Die Fleischbrühe zum Kochen bringen. Inzwischen die Butter mit den Eiern schaumig rühren, restliche Zutaten unterrühren und abschmecken.

Walnussgroße Knödel formen und in der Fleischbrühe 10 Minuten leicht kochen lassen.

Tipp: Die Käsknödel schmecken auch gut in Tomatensuppe.

Ute Keppeler, Blöcktach

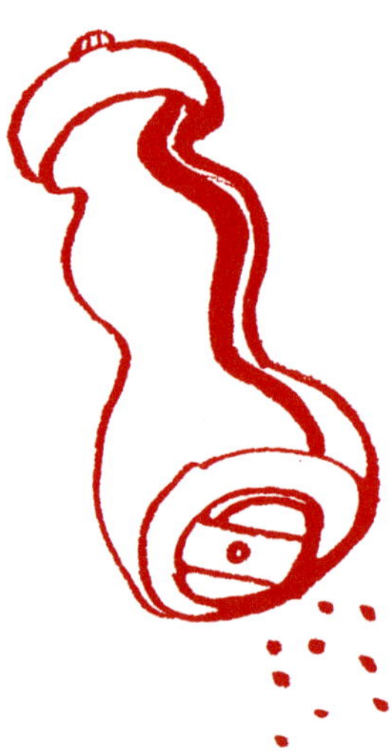

Kässuppe

Die Margarine oder Butter in einem Topf schmelzen, mit Mehl bestäuben und anschwitzen lassen. Mit Brühe ablöschen und einmal aufkochen lassen. Den geriebenen Käse in die Brühe geben, unterrühren und noch einmal zum Kochen bringen. Das Eigelb mit Sahne verrühren und die Suppe damit begießen. Nicht mehr kochen lassen! Die Suppe mit Pfeffer abschmecken.

Die Zwiebeln in Ringe schneiden und das Brot würfeln. Beides in etwas Fett anrösten und mit fein gehackter Petersilie über die Suppe streuen.

Brigitte Schöpf, Kaufbeuren

Für 4 Personen:
70 g Margarine oder Butter
50 g Mehl
1 l klare Brühe
200 g Emmentaler, gerieben
1 Eigelb
2 EL Sahne
Pfeffer
2 Zwiebeln
2 Scheiben Weißbrot
Petersilie, gehackt
Fett zum Rösten

Schinkenbiskuitsuppe

Den Backofen auf 200 °C vorheizen. Die Eier trennen. Eigelb mit Muskat und Salz schaumig rühren. Eiweiß steif schlagen. Mehl und Eischnee abwechselnd unter die Eigelbmasse rühren. Schinkenwürfel unterheben. Sofort auf einem mit gefettetem Backpapier ausgelegten Blech verteilen. Im heißen Backofen 10 Minuten backen.

Inzwischen die Fleischbrühe erhitzen. Das fertig gebackene Biskuit kurz abkühlen lassen und anschließend das Backpapier abziehen. In Würfel schneiden und in die heiße Fleischbrühe geben.

Monika Müller, Unteregg

Für 6 Personen:
5 Eier
Salz, Muskat
100 g Mehl
60 g gekochter Schinken, fein gewürfelt
1,5 l Fleischbrühe
Fett für die Form

Linsensuppe

Für 3–4 Personen:
250 g Linsen
1 l Wasser
1/2 Stange Lauch
1 große Karotte
250 g Kartoffeln
2 Würfel Gemüsebrühe
30 ml Essig
100 ml Sahne

Grüne Linsen am Abend vorher in etwa 750 ml Wasser einweichen (bei roten und gelben Linsen entfällt die Einweichzeit). Kartoffeln, Karotte und Lauch in Stücke schneiden. Zu den grünen Linsen in ihrem Einweichwasser noch etwa 300 ml Wasser gießen (rote und gelbe Linsen dann direkt in gut 1 l Wasser kochen), Kartoffel-, Lauch- und Möhrenstückchen sowie Gemüsebrühe dazugeben und 20–30 Minuten leicht kochen.

Die Kochdauer ist abhängig von der Linsensorte, Kochanleitung auf der Packung beachten. Essig und Sahne zugeben und verrühren.

Silke Pukropski, Winterbach

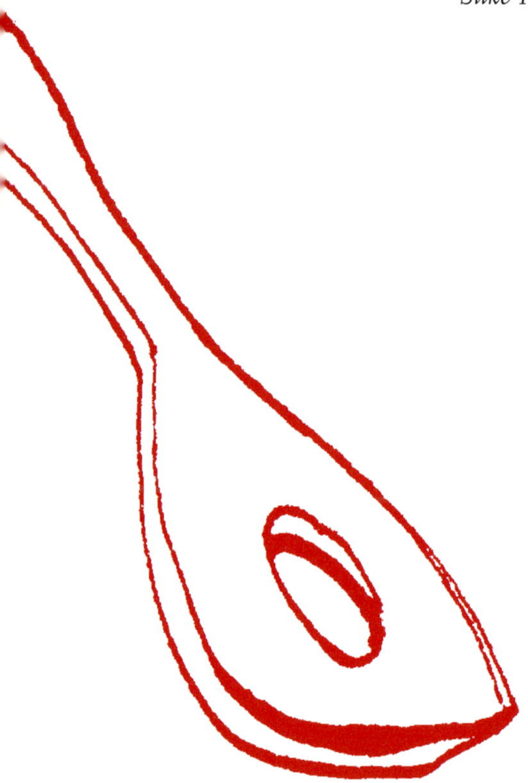

Allgäuer Voressen

Für 4–5 Personen:
2 EL Schweineschmalz oder Margarine
100 g Mehl
1 l Wasser oder Fleischbrühe
5–10 Wacholderbeeren
3 Lorbeerblätter
Essig
Salz, Zucker
250 g Kutteln, gekocht und geschnitten

Schmalz oder Margarine im Topf erhitzen, mit Mehl bestäuben und unter ständigem Rühren dunkel anbräunen. Mit Wasser oder Fleischbrühe aufgießen. Wacholderbeeren und Lorbeerblätter dazugeben und etwa 20 Minuten köcheln lassen, danach die Lorbeerblätter und Wacholderbeeren abpassieren.

Mit Essig, Salz und Zucker abschmecken. Die Kutteln dazugeben und etwa 10 Minuten ziehen lassen.

Tipp: Dazu passen am besten Semmelknödel (s. S. 28) oder einfach Weißbrot.

Ursula Endres, Bad Grönenbach

Knoblauchbrot mit zweierlei Käse

Für 4 Personen:
8 Knoblauchzehen
150 g Mozzarella
1 Sträußchen Petersilie
2 EL Emmentaler, gerieben
2 EL Butter
1/2 TL Salz
Pfeffer, Muskat
1 langes Baguette

Den Backofen auf 200 °C vorheizen. Knoblauchzehen schälen und zerdrücken. Mozzarella in kleine Würfel schneiden. Petersilie fein hacken. Alles zusammen mit dem geriebenen Emmentaler und den Gewürzen zu der Butter geben und gut vermengen.

Baguette in Scheiben schneiden und diese dünn mit der Mischung bestreichen. Brotscheiben auf ein Backblech legen und im heißen Backofen etwa 10 Minuten überbacken.

Ute Keppeler, Blöcktach

Windbeutel mit Käsesalat-Füllung

Für 4 Personen:
Für den Brandteig:
250 ml Wasser
1 Prise Salz
50 g Margarine
150 g Mehl
3–4 Eier
1 TL Backpulver

Für die Füllung:
125 g Emmentaler
100 g Schinken
1 Gewürzgurke
1–2 Eier, hart gekocht
1 Bund Schnittlauch
1 Apfel
50 g Mayonnaise
Salz, Paprikapulver

Fett fürs Blech

Das Wasser mit Salz und Margarine aufkochen, dann das Mehl zugeben. Die Kochplatte ausschalten und so lange rühren, bis sich der Teig zu einem Kloß zusammenballt und vom Topfboden löst. Dann den Topf von der Platte nehmen und nach und nach die Eier unterrühren. Den Teig erkalten lassen. Den Backofen auf 210–225 °C vorheizen.

Das Backpulver in den abgekühlten Teig einrühren. Auf ein gefettetes, mit Backpapier ausgelegtes Blech walnussgroße Teighäufchen setzen und diese 25–35 Minuten backen. Dann den Ofen ausschalten und die Windbeutel noch 10 Minuten darin stehen lassen. Anschließend die Windbeutel sofort seitlich aufschneiden und abkühlen lassen.

Währenddessen für den Käsesalat Emmentaler, Schinken, Gewürzgurke, Schnittlauch und Eier fein schneiden und den Apfel fein reiben. Mit der Mayonnaise und den Gewürzen vermengen. Anschließend in jeden Windbeutel etwa 1 Teelöffel Käsesalat einfüllen und servieren.

Lucia Diebolder, Lachen

Schinken-Käse-Taschen

Mehl, Quark, Butter und Salz zu einem Teig verrühren und kaltstellen. Den Backofen auf 200 °C vorheizen. Die Zutaten für die Füllung verrühren. Den Teig ausrollen und Fladen in der Größe eines kleinen Tellers ausstechen. Die Ränder mit Eiweiß bestreichen. Je einen Löffel der Füllmasse auf die eine Hälfte der Teigteller geben, dann zuklappen und alles mit verquirltem Eigelb bestreichen. Die Taschen im heißen Backofen 20 Minuten backen.

Beatrix Schad, Isny-Kreuzthal

Für 6 Personen:
Für den Teig:
125 g Mehl
125 g Quark
125 g Butter
1 Prise Salz

Für die Füllung:
100 g gekochter Schinken, fein gewürfelt
100 g Bergkäse, gerieben
1 Ei
Pfeffer
1 TL Kräuter-Crème-fraîche

1 Eiweiß
1 Eigelb

Lachsröllchen

Eier mit Milch, Mehl, Salz und Pfeffer verquirlen und quellen lassen. Fett in einer Pfanne erhitzen und darin dünne Pfannkuchen backen.

Die ausgekühlten Pfannkuchen jeweils mit Frischkäse bestreichen und reichlich frischen, klein geschnittenen Dill darübergeben. Die Lachsscheiben in Streifen schneiden und auf den Pfannkuchen verteilen. Aufrollen und alle auf ein großes Schneidebrett legen.

Das Ganze in Frischhaltefolie verpacken und mindestens 2 Stunden in den Kühlschrank stellen. Anschließend in etwa 3 cm dicke Scheiben schneiden.

Brigitte Natterer, Bad Grönenbach

Für 6–8 Personen:
Für den Teig:
4 Eier
500 ml Milch
250 g Mehl
Salz, Pfeffer
Fett zum Ausbacken

Für die Füllung:
200 g Frischkäse
15 Scheiben Räucherlachs
frischer Dill

Käseschnecken

Für 10 Personen:
Für den Teig:
100 g Dinkelvollkornmehl
300 g Weizenmehl
1 TL Salz
1/2 TL Zucker
80 g weiche Butter
200 ml Milch, lauwarm
25 g Hefe

Für die Füllung:
200 g Frischkäse
1 EL Sahne
4 EL gemischte Kräuter
120 g Speckwürfel
150 g Allgäuer Emmentaler

2 EL Sahne zum Bestreichen

Mehl, Salz, Zucker, Butter, Milch und Hefe zu einem Teig verkneten und 30 Minuten ruhen lassen. Backofen auf 200 °C vorheizen.

Den Hefeteig zu einem Rechteck ausrollen. Frischkäse, Sahne und Kräuter verrühren, dann auf den ausgerollten Teig streichen. Speckwürfel und Käse darüberstreuen.

Den Teig aufrollen und in etwa 1 cm breite Scheiben schneiden. Diese auf ein mit Backpapier ausgelegtes Blech legen und mit Sahne bestreichen, danach noch mal 20 Minuten gehen lassen. Im heißen Backofen etwa 25 Minuten backen.

Silvia Uhl, Erkheim

Allgäuer Kräuterschnecken

Für 4 Personen:
Für den Teig:
250 g Mehl
1 Becher Schmand
etwas Salz

Für die Füllung:
200 g Schinken
200 g gemischte Kräuter
200 g Allgäuer Emmentaler, gerieben
Salz, Pfeffer

Fett zum Ausbacken

Für den Teig Mehl mit Schmand und Salz verkneten und 15 Minuten ruhen lassen. Die Kräuter waschen und klein schneiden, den Schinken würfeln. Den Teig auf einer bemehlten Arbeitsfläche ausrollen, mit Schinkenwürfeln, Kräutern und Käse belegen, würzen und zu einer Rolle formen.

Mit einem scharfen Messer in 2 cm breite Scheiben schneiden. Fett in einer Pfanne erhitzen und die Schnecken auf beiden Seiten braun anbraten.

Sofie Albrecht, Altusried

Spargelpäckchen

Den Backofen auf 160–180 °C vorheizen. Aus dem ausgerollten Blätterteig Quadrate schneiden (ca. 12 x 12 cm). Auf jedes Quadrat eine Scheibe Schinken und eine Scheibe Käse legen. Die Spargelstangen halbieren und je drei halbe Spargelstücke diagonal auf die Schinken-Käse-Quadrate legen.

Die freien Ecken der Quadrate bis zur Mitte einklappen und mit Eigelb zusammenkleben. Auf ein mit Backpapier ausgelegtes Blech legen, mit restlichem Eigelb bestreichen und mit Sesam bestreuen.

Im heißen Backofen etwa 20 Minuten backen, bis die Spargelpäckchen goldbraun sind.

Hildegard Krohmer, Altusried

Für 12 Personen:
450 g Blätterteig
(1 Päckchen)
18 Stangen grüner Spargel
(aus dem Glas)
12 Scheiben Schinken
12 Scheiben Emmentaler
1 Eigelb
1 EL Sesam

Beilagen & Salate

Spätzle

Mehl, Eier, Wasser, Salz und Muskat zu einem zähen Teig verkneten und diesen etwa 15 Minuten ruhen lassen. Anschließend etwa 1,5 l Salzwasser zum Kochen bringen und den Teig durch einen Spätzlehobel ins kochende Wasser hobeln. Die Spätzle einmal aufkochen, dann mit einer Schaumkelle herausnehmen und abtropfen lassen.
Hildegard Geiger, Pleß

Für 4 Personen:
500 g Mehl
4 Eier
125 ml Wasser
1 Prise Salz
Muskat

Spinatspätzle

Spinat mit ein wenig Wasser in einen Topf geben und bei schwacher Hitze auftauen lassen. Spinat, Mehl, Eier und Salz zu einem zähen Teig verrühren, bei Bedarf noch Wasser zugeben.

Einen Topf mit Salzwasser erhitzen. Den Teig mit dem Spätzlehobel ins Wasser hobeln. Spätzle einmal aufkochen lassen und dann abgießen.
Beatrix Schad, Isny-Kreuzthal

Für 4 Personen:
150 g Spinat, tiefgekühlt
250 g Mehl
2 Eier
Salz

Spinatknödel

Den Spinat auftauen und feinblättrig schneiden. Petersilie, Zwiebel und Knoblauch fein hacken und in Butter dünsten. Die Semmeln fein würfeln und mit allen Zutaten in einer Schüssel zu einem Knödelteig verrühren.

Die Teigmasse mit feuchten Händen zu etwa 12 Knödeln formen und in kochendes Salzwasser geben. 20 Minuten ziehen lassen.
Maria Kögel, Weitnau

Für 4 Personen:
150 g Spinat, tiefgekühlt
1 Bund Petersilie
1 Zwiebel
1 Knoblauchzehe
125 ml Milch
250 g altbackene Semmeln
80 g Mehl
3 Eier
150 g Käse, gerieben
Salz, Pfeffer
Butter zum Dünsten

Allgäuer Käsknödel

Für 4 Personen:
8 altbackene Semmeln
4 Eier
Salz, etwas Pfeffer
Petersilie
1 Zwiebel
etwas Butter
250–300 g Emmentaler
2 EL Mehl

Die Semmeln würfeln. Eier und die Gewürze darübergeben. Zwiebel würfeln und in Butter etwas andünsten. Den Käse in kleine Würfel schneiden. Mit Mehl in eine Schüssel geben und gut durchmischen.

Aus dem Teig Knödel formen. Salzwasser in einem Topf zum Kochen bringen. Am besten die Knödel vor dem Kochen etwas liegen lassen, dann bildet sich eine Art Haut, und die Knödel bleiben beim Kochen in Form. Anschließend ins kochende Wasser geben und 10–15 Minuten ziehen lassen.

Tipp: Man kann die Käsknödel auch in einer Fleischbrühe servieren oder mit zerlassener Butter übergießen und dazu grünen Salat reichen.

Hildegard Geiger, Pleß

Semmelknödel

Für 4 Personen:
240 ml Milch
6–8 altbackene Semmeln
1 Zwiebel
etwas Butter
1 Bund Petersilie
3 Eier
1 TL Salz
Semmelbrösel nach Bedarf

Die Milch zum Kochen bringen. Semmeln währenddessen in feine Scheiben oder kleine Würfel schneiden. Mit der kochenden Milch übergießen und in einer verschlossenen Schüssel etwa 20 Minuten einweichen.

Inzwischen die Zwiebel würfeln und in etwas heißer Butter glasig andünsten. Die Petersilie fein hacken. Zusammen mit den Zwiebeln, den Eiern und dem Salz zu der Semmelmasse geben und gut durchkneten. Falls die Masse zu weich sein sollte, etwas Semmelbrösel zugeben.

Salzwasser in einem Topf zum Kochen bringen. Mit nassen Händen Knödel formen und ins kochende Wasser geben, etwa 20 Minuten sanft kächeln lassen.

Ute Keppeler, Blöcktach

Sauerkrautknödel

Für 4 Personen:
8 altbackene Semmeln
350 ml Milch
1 Bund Petersilie
1/2 Bund Majoran
1 Bund Schnittlauch
150 g Sauerkraut
2 Eier
Salz, Pfeffer, Muskat

Die Semmeln in eine Schüssel geben. Die Milch in einem Topf erhitzen und die Semmeln damit übergießen. 15 Minuten ziehen lassen.

Die Kräuter waschen, fein hacken und zusammen mit dem Sauerkraut zu den Semmeln geben. Eier und Gewürze dazugeben und alles gut vermengen.

Salzwasser in einem Topf erhitzen. Aus dem Teig 4 Knödel formen und diese bei schwacher Hitze 15 Minuten im Salzwasser ziehen lassen.

Sylvia Mang, Memmingerberg

Bayerisches Kraut

Für 4–6 Personen:
1 kg Weißkraut
50 g Butterschmalz
150 g Speckwürfel
500 ml Fleischbrühe
6 EL Essig
1 Zwiebel
2 Äpfel
Salz, Pfeffer
1 TL Kümmel
1 EL Zucker
250 ml Weißwein

Das Kraut putzen und den Strunk herausschneiden. Anschließend fein schneiden oder hobeln. Das Schmalz in einem Topf erhitzen und die Speckwürfel darin kurz anbraten. Das Kraut dazugeben und mit Brühe und Essig aufgießen. Die Zwiebel in Würfel schneiden, die Äpfel schälen und klein schneiden. Zum Kraut geben und mit Salz, Pfeffer, Kümmel und Zucker abschmecken.

Das Kraut etwa 1 Stunde mit geschlossenem Deckel leicht kochen lassen. Zum Schluss den Weißwein zugeben. Anschließend evtl. noch etwas nachwürzen.

Doris Bertele, Sulzberg

Wirsing in Käsesauce

Für 4 Personen:
1 kg Wirsing
50 g Schweineschmalz
750 ml Wasser
125 g Speck, durchwachsen
1 Zwiebel
40 g Mehl
120 g Emmentaler, gerieben
Salz, Pfeffer, Muskat

Den Wirsing putzen, den Strunk herausschneiden, achteln und in feine Streifen schneiden. Das Schweineschmalz erhitzen und den Wirsing darin kurz andünsten. Mit dem Wasser aufgießen, salzen und zugedeckt etwa 25 Minuten garen. Anschließend den Wirsing abgießen und dabei 500 ml der Kochbrühe auffangen.

Den Speck würfeln und auslassen. Die Zwiebel würfeln, dazugeben und glasig werden lassen. Mit Mehl bestäuben, anschwitzen lassen und mit der aufgefangenen Wirsingbrühe ablöschen. 5 Minuten kochen, dann vom Feuer nehmen und den geriebenen Emmentaler unterrühren. Sobald die Sauce sämig ist, den Wirsing daruntermischen und abschmecken.

Ute Keppeler, Blöcktach

Zucchinibratlinge

Für 4 Personen:
1 Zucchini
1 Ei
Semmelbrösel
Salz, Pfeffer, Knoblauch
Fett zum Braten

Die Zucchini fein raspeln und mit Ei, Semmelbröseln und Gewürzen vermengen. Aus der Masse flache Bratlinge formen und in heißem Fett goldbraun braten.

Ute Keppeler, Blöcktach

Gemüserösti

Karotten, Kartoffeln und Zwiebel grob raspeln oder fein hobeln. Gemüse mit Eiern, Mehl, Sesam und Kernen mischen. Die Masse mit Gewürzen abschmecken. Öl in einer Pfanne erhitzen, aus der Masse flache Rösti formen und goldgelb braten.

Rosi Höbel, Gunzach

Für 4 Personen:
300 g Karotten
300 g Kartoffeln
1 Zwiebel
2 Eier
3 EL Mehl
100 g Sesam
2 EL Sonnenblumen- oder Pinienkerne
Salz, Pfeffer, Muskat
Fett zum Braten

Gemüsereis

Die Zwiebeln in Ringe und die Paprika in Streifen schneiden, die Tomaten vierteln. Zusammen in Fett kurz andünsten. Reis, Wasser und Tomatenmark dazugeben (das Tomatenmark vorher evtl. mit Wasser anrühren).

Einmal aufkochen lassen, dann 20 Minuten ziehen lassen. Mit Paprika, Salz und Pfeffer würzen.

Irmgard Grath, Burkatshofen

Für 4 Personen:
1–2 Zwiebeln
1 Paprika
2 Tomaten
1 Tasse Reis
1 1/2 Tassen Wasser
2 EL Tomatenmark
Paprikapulver, Salz, Pfeffer
Fett zum Dünsten

Brotsalat mit Schafskäse

Für 4 Personen:
8 Scheiben Weißbrot vom Vortag
1 Bund Frühlingszwiebeln
200 g Schafskäse
1/2 Salatgurke
3 große Tomaten

Für die Marinade:
2 Knoblauchzehen
1 Bund Petersilie
1 Bund Basilikum
2 EL Balsamico
6 EL Olivenöl
1 1/2 EL Senf
1 TL Zucker
Salz, Pfeffer

Für die Marinade Knoblauchzehen zerdrücken, Kräuter hacken und mit Essig, Öl, Senf und Gewürzen verquirlen. Das Brot in Würfel schneiden, etwa 5 Minuten auf den heißen Rost legen. Dann in eine Schüssel geben und mit der Marinade übergießen. 15 Minuten ziehen lassen.

Frühlingszwiebeln in Ringe, Schafskäse in Würfel, Tomaten und Gurke in Scheiben schneiden, unter die Brotwürfel heben.

Ute Keppeler, Blöcktach

Allgäuer Käsesalat

Für 5 Personen:
1 Zwiebel
200 g Bergkäse
200 g Emmentaler
4 Essiggurken
Essig
Öl
Pfeffer

Die Zwiebel klein schneiden. Bergkäse, Emmentaler und Essiggurken in kleine Würfel schneiden. Mit der Zwiebel vermischen. Den Salat mit Essig, Öl und Pfeffer anmachen.

Sophie Gruber, Waltenhofen

Karotten-Rohkost-Salat

Für 4 Personen:
500 g Karotten
150 g Kohlrabi
150 g Sellerie
Saft von 1/2 Zitrone

Für die Marinade:
200 ml Sahne
1 TL Honig
Kräutersalz
Petersilie, gehackt

50 g Sonnenblumenkerne

Karotten, Kohlrabi und Sellerie schälen, in sehr feine Stifte hobeln und alles zusammen in eine Schüssel geben, sofort mit Zitronensaft beträufeln.

Die Sahne mit dem Honig verquirlen, die fein gehackte Petersilie unterrühren. Die Marinade mit dem Gemüse vermengen, mit Kräutersalz abschmecken. Den Salat vor dem Servieren mit Sonnenblumenkernen bestreuen.

Margit Angerhofer, Lechbruck

Spätzlesalat

Für die Spätzle Mehl, Eier, Salz und Milch (oder Wasser) in eine Schüssel geben. Alles zu einem zähen Teig rühren, bei Bedarf noch Mehl oder Milch bzw. Wasser zugeben. Einen Topf mit etwa 1,5 l Salzwasser erhitzen. Den Teig mit dem Spätzlehobel ins Wasser hobeln. Spätzle einmal aufkochen und aus dem Wasser nehmen, kalt abschrecken.

Karotten in kleine Würfel schneiden und gar kochen. Essiggurken und Schinken klein schneiden. Alles mit Erbsen und Mais vermischen, zusammen mit den Spätzle in eine Schüssel geben und durchmischen.

Aus Mayonnaise, Naturjoghurt, Essig und Gewürzen nach Belieben eine Sauce herstellen und unter den Salat mischen.

Margaretha Schneider, Opfenbach

Für 4 Personen:
Für die Spätzle:
300 g Mehl
3 Eier
100 ml Milch oder Wasser
1/2 TL Salz

2 Karotten
150 g Schinken
5 Essiggurken
100 g Erbsen
1/2 Dose Mais
3 EL Mayonnaise
150 g Naturjoghurt
Essig
Salz, Pfeffer

Kalt-saure Nudeln

Mehl, Eier, Öl, Gewürze und Wasser in einer Schüssel verrühren. Dann auf einer bemehlten Fläche zu einem elastischen Teig verkneten und diesen etwa 30 Minuten ruhen lassen. Mit der Nudelmaschine etwa 10 cm lange Spaghetti herstellen und in reichlich kochendem Salzwasser gar kochen. Kalt abschrecken und abkühlen lassen.

Aus Essig, Öl und Gewürzen eine Marinade herstellen. Reichlich frischen Schnittlauch sehr fein schneiden (etwa 1 Handvoll) und in die Marinade geben. Nudeln darübergeben, gut durchmischen und abschmecken. Der Salat sollte 2–3 Stunden durchziehen können. Vor dem Servieren die hart gekochten Eier schälen, halbieren und die Nudeln damit garnieren.

Brigitte Natterer, Bad Grönenbach

Für 5 Personen:
Für die Nudeln:
500 g Mehl
5 Eier
1 EL Öl
Salz, Pfeffer
Wasser nach Bedarf

Für die Marinade:
2 EL Essig
1–2 EL Öl
Salz, Pfeffer, Knoblauch

1 Bund frischer Schnittlauch
5 Eier, hart gekocht

Schwäbischer Kartoffelsalat

Für 4 Personen:
1 kg Kartoffeln
1 Tasse Fleischbrühe
1/2 Tasse Essig
1 Zwiebel
1/2 Tasse Öl
1 TL Senf
1 Prise Zucker
Salz, Pfeffer

Die Kartoffeln in der Schale garen, inzwischen die Fleischbrühe erhitzen. Die Kartoffeln noch heiß schälen, in Scheiben schneiden und in eine Schüssel geben. Die Fleischbrühe mit dem Essig vermischen und die Kartoffeln damit übergießen, solange sie noch warm sind; etwas ziehen lassen.

Die Zwiebel würfeln. Öl mit Salz, Pfeffer, Senf und 1 Prise Zucker verquirlen und mit den Zwiebeln über die Kartoffeln geben, unterheben und etwa 1 Stunde durchziehen lassen.

Ute Keppeler, Blöcktach

Bratkartoffelsalat

Für 4 Personen:
1 kg Kartoffeln
200 g Schweinebauch, nicht zu fett
1 Kopf Endiviensalat

Für die Marinade:
250 ml Brühe
4–5 EL Himbeeressig
1 EL Senf
1 TL Zucker
Kümmel
Salz, Pfeffer

Die Kartoffeln kochen und abkühlen lassen. Inzwischen den Schweinebauch würfeln und anbraten. Die Kartoffeln schälen, in Scheiben schneiden, dazugeben und anbraten. Die fertigen Bratkartoffeln in eine Schüssel geben und dabei den Bratensaft in der Pfanne aufheben. Den Endiviensalat in Scheiben schneiden und unter die Bratkartoffeln mischen.

Für die Marinade Brühe, Himbeeressig, Senf, Zucker und Gewürze verquirlen und den Bratensaft in der Pfanne damit ablöschen, das Ganze kurz aufkochen lassen. Die Marinade heiß über die Bratkartoffelmischung gießen und alles vermengen. Abschmecken und lauwarm servieren.

Gertraud Schorer, Unteregg

Feldsalat mit Tomaten und Eiern

Die Knoblauchzehe halbieren und eine ganz flache Schale mit der halbierten Zehe ausreiben. Tomaten in Scheiben schneiden und kranzförmig am äußeren Rand der Schale anordnen. Die Eier in Scheiben schneiden und in zweiter Reihe kranzförmig an den Tomaten anlegen.

Essig, Öl und Gewürze in einer Schüssel miteinander verquirlen. Die Zwiebel würfeln, zusammen mit dem Feldsalat in das Dressing geben und alles vermischen. Das Ganze in die Mitte der mit den Tomaten und Eiern garnierten Schale geben und servieren.

Ute Keppeler, Blöcktach

Für 4 Personen:
1/2 Knoblauchzehe
3 Tomaten
3 Eier, hart gekocht
100 g Feldsalat
1/2 Zwiebel

Für die Marinade:
2 EL Weinessig
3 EL Öl
Salz, Pfeffer
1 Prise Zucker

Gurken-Frucht-Salat

Die Gurke halbieren und ungeschält in dünne Scheiben schneiden. Die Weintrauben halbieren und entkernen, Orangen in Stücke schneiden. Die Melone schälen, entkernen und in dünne Scheiben schneiden. Alles zusammen in eine Schüssel geben und 15 Minuten kaltstellen. Inzwischen aus saurer Sahne, Zitronensaft, Zucker und Gewürzen eine Marinade zubereiten und anschließend über den Salat gießen.

Tipp: Statt der Orangen kann man auch Mandarinen aus der Dose verwenden.

Monika Zwerger, Obergünzburg-Willofs

Für 4 Personen:
1 Salatgurke
2 Orangen
150 g blaue Weintrauben
1/2 Honigmelone

Für die Marinade:
150 g saure Sahne
2 EL Zitronensaft
4 EL Zucker
Salz, Pfeffer
Dill

Paprika-Mais-Salat

Für 4 Personen:
3 Paprika
1 Dose Mais

Für die Marinade:
1 Prise Salz
1 TL Paprikapulver
1/2 TL Zucker
1/2 TL Senf
1 1/2 EL Weinessig
1 Eiweiß
1/2 Tasse Öl
1 EL Dosenmilch

Die Paprikas klein schneiden und mit dem Mais in eine Schüssel geben. Für die Marinade Salz, Paprikapulver, Zucker, Senf, Weinessig und das Eiweiß in eine hohe Schüssel geben und mit dem Rührgerät gut verrühren. Dann das Öl tropfenweise darunterrühren und zuletzt die Dosenmilch dazugeben. Anschließend die Marinade über Paprika und Mais gießen und gut umrühren.
Sabine Straub, Sulzberg-Moosbach

Schichtsalat

Für 8 Personen:
1 Dose Mais
1 Stange Lauch
1 Dose Ananas, in Stücken
6 Scheiben Schinken, gekocht
3 Äpfel
4 Eier, hart gekocht
1 Glas Mayonnaise
250 g Käse, gerieben
etwas Schnittlauch, gehackt

Die Äpfel schälen und in Stückchen schneiden. Lauch und Eier klein schneiden, den Schinken in Streifen. Die Zutaten in folgender Reihenfolge in eine Salatschüssel schichten: Mais, Lauch, Ananasstücke (den Saft mitverwenden), Schinken, Äpfel, Eier. Die Mayonnaise darüber verteilen (nicht umrühren!) und zum Schluss den geriebenen Käse darüberstreuen.

Mit Schnittlauch bestreuen und den Salat möglichst 1 Tag im Kühlschrank ziehen lassen.
Yasmine Irmer, Oy-Mittelberg

Lauchsalat

Für 4–6 Personen:
3 Stangen Lauch
3 Eier, hart gekocht
1 Dose Ananas
200 g Fleischwurst
1/2 Glas Mayonnaise

Den Lauch (nur das Weiße) fein schneiden, die hart gekochten Eier und die Fleischwurst würfeln, die Ananas abgießen und klein schneiden. Alles zusammen in einer Schüssel mit der Mayonnaise gut vermischen.
Marlene Häfele, Schwangau

Reissalat

Den Reis in Salzwasser nach Anleitung kochen und anschließend abkühlen lassen. Mayonnaise, Schmand und Curry in einer Schüssel miteinander verrühren. Den abgekühlten Reis dazugeben.

Die Ananas klein schneiden, den Schinken würfeln und beides mit den Mandarinenstücken zur Reismischung geben. Den Salat umrühren und etwas durchziehen lassen.

Sabine Straub, Sulzberg-Moosbach

Für 4–5 Personen:
125 g Reis
3 gehäufte EL Mayonnaise
3 gehäufte EL Schmand
3 EL Curry
1 Dose Ananas
200 g Schinken, gekocht
1 Dose Mandarinen

Rotkohlsalat

Den Rotkohl fein hobeln und in eine Schüssel geben. Die Äpfel schälen und raspeln, sofort mit Zitronensaft beträufeln und mit dem Rotkohl vermischen. Joghurt mit Essig, Öl und Petersilie verrühren, über den Rotkohl gießen und den Salat mit Kräutersalz und Pfeffer abschmecken. Alles gut durchmischen und mit den Kürbiskernen bestreuen.

Margit Angerhofer, Lechbruck

Für 4 Personen:
300 g Rotkohl
2 Äpfel
1 EL Zitronensaft

Für die Marinade:
200 ml Naturjoghurt
2 EL Obstessig
1 EL Sonnenblumenöl
Petersilie, gehackt
Kräutersalz, Pfeffer

2 EL Kürbiskerne

Weißkrautsalat

Den Kohl fein schneiden oder hobeln und in eine Schüssel geben. Den Knoblauch fein hacken und dazugeben, etwas Kümmel darüberstreuen.

Für die Marinade Öl, Essig, Pfeffer und Salz gut verquirlen und über den Kohl geben. Das Ganze 1 Tag lang durchziehen lassen.

Carina Ruf, Unterschleißheim

Für 4–6 Personen:
1 Kopf Kohl
2–3 Knoblauchzehen
etwas Kümmel

Für die Marinade:
125 ml Olivenöl
6 EL Essig
Pfeffer, Salz

Hauptgerichte

Forelle blau

Die Zwiebel in Ringe und die Karotte in Scheiben schneiden. Zusammen mit 2–3 Zitronenscheiben, Salz, Zucker und Essig im Wasser aufkochen lassen.

Die Forellen waschen und ausspülen. Rund biegen und in den kochenden Sud legen. Etwa 20 Minuten darin ziehen lassen. Wenn sich die Rückenflosse leicht herausziehen lässt, sind die Forellen gar. Mit Petersilie und Zitronenscheiben garnieren.

Für 4 Personen:
Für den Sud:
1 Zwiebel
1 Karotte
1 Zitrone
2 l Wasser
Salz, Zucker
etwas Essig

4 Forellen, küchenfertig
Petersilie

Tipp: Dazu passen am besten Salzkartoffeln.
Anita Ruf, Hohenreuten

Forelle Müllerin

Die Forellen unter fließendem Wasser reinigen. Mit einem Teil des Zitronensaftes beträufeln und 15 Minuten stehen lassen. Dann die Fische innen und außen salzen und in Mehl wenden, anschließend in Butterschmalz auf beiden Seiten je 10 Minuten goldbraun braten. Danach auf einer vorgewärmten Platte anrichten und mit Petersilie bestreuen.

Die Butter mit dem Bratfett und dem restlichen Zitronensaft erhitzen und damit die Forellen übergießen, mit Zitronenscheiben garnieren.

Für 4 Personen:
4 Forellen
3 EL Zitronensaft
Salz
40 g Mehl
70 g Butterschmalz
etwas Petersilie, gehackt
30 g Butter
Zitronenscheiben zum Garnieren

Tipp: Als Beilage eignen sich am besten Petersilienkartoffeln und grüner Salat.
Franz Diebolder, Lachen

Forelle im Gemüsebett

Für 5 Personen:
1 Kohlrabi
1 Karotte
1 Pastinake
2 Zwiebeln
3 Kartoffeln
5 Forellenfilets
etwas Zitronensaft
Salz
250 ml Weißwein
250 ml Sahne

Den Backofen auf 180 °C vorheizen. Kohlrabi, Karotte, Pastinake, Zwiebeln und Kartoffeln in feine Streifen schneiden. Forellenfilets mit Zitronensaft und Salz würzen und jedes Filet auf ein großes Stück Alufolie legen. Je 2 Esslöffel Weißwein und Sahne über die Filets geben und mit den Gemüsestreifen belegen.

Die Alufolie um Fisch und Gemüse wie kleine Pakete zusammenfalten, auf ein Backblech legen und im heißen Backofen 40 Minuten backen.

Tipp: Dazu passt Reis.
Christine Brader, Memmingen-Dickenreishausen

Fischragout

Für 4 Personen:
300 g Fischfilet
3 EL Zitronensaft
Pfeffer, Paprikapulver, Curry
1 Stange Lauch
250 g Champignons
20 g Butter
2 EL Mehl
125 ml Gemüsebrühe
1 rote Paprika
etwas Sahne

Fischfilet in Würfel schneiden, mit Zitronensaft beträufeln und würzen, dann 30 Minuten ziehen lassen.

Den Lauch in Ringe, die Champignons in Scheiben schneiden. Beides in der Butter dünsten, mit Mehl binden. Die Brühe darübergießen und den marinierten Fisch dazugeben. 10 Minuten bei schwacher Hitze ziehen lassen. Vor dem Servieren mit Sahne verfeinern und die in Streifen geschnittene Paprika darüberstreuen.

Tipp: Dazu passen Bratkartoffeln oder Reis.
Hildegard Krohmer, Altusried

Zander mit Kartoffelkruste auf Rahmsauerkraut

Für das Rahmsauerkraut Zucker in einem großen Topf karamellisieren lassen, mit Weißwein ablöschen und dann das Sauerkraut dazugeben. Den Wein verkochen lassen, anschließend die Sahne hinzufügen. Mit geschlossenem Deckel bei mittlerer Hitze etwa 40 Minuten köcheln lassen.

Inzwischen den Backofen auf 180 °C vorheizen. Währenddessen für den Fisch die Kartoffeln schälen und fein reiben, die Schalotten ebenfalls. Beides zusammen mit dem Ei vermischen und mit 1 Prise Salz und Muskat würzen, mit der Petersilie gut vermengen.

Das Zanderfilet portionieren, mit 1 Prise Salz würzen und auf der Hautseite in einer Pfanne kurz in Butterschmalz anbraten. Die Kartoffel-Ei-Masse auf die Oberseite (nicht auf die Haut) des Filets streichen und den Fisch wenden, also mit der Kartoffelschicht nach unten kurz anbraten. Anschließend die Filets im heißen Backofen etwa 10 Minuten garen. Den Fisch portionsweise auf dem Rahmkraut anrichten und servieren.

Tipp: Dazu reicht man am besten Salzkartoffeln.

Waltraud Küchle, Memmingen

Für 4 Personen:

Für das Rahmsauerkraut:
400 g Sauerkraut
80 g Zucker
120 ml Weißwein
100 g Sahne

Für den Fisch:
4 festkochende Kartoffeln
2 Schalotten
1 Ei
Salz, Muskat
1 EL Petersilie
400 g Zanderfilet, küchenfertig
Butterschmalz zum Braten

Spaghetti mit Lachssauce

Für 4 Personen:
Für die Sauce:
250 g Lachsfilet
Salz, Pfeffer
2 EL Öl
250 ml Wasser
2 EL Zitronensaft
100 ml trockener Weißwein
4 EL Schmand
1 EL Stärkemehl
1 EL Thymian, gehackt
2 EL Basilikum, gehackt
Zucker

250 g Spaghetti
einige Basilikumblätter

Das Lachsfilet in große Stücke schneiden, mit Salz und Pfeffer würzen. Das Öl erhitzen und die Lachsstücke darin etwa 2 Minuten garen, dann aus der Pfanne nehmen.

Wasser, Zitronensaft und Wein in die Pfanne geben und aufkochen, Schmand einrühren. Das Stärkemehl mit 1 Esslöffel Wasser anrühren und die Sauce damit binden. Kräuter hinzugeben, mit Salz, Pfeffer und Zucker abschmecken. Lachsstücke in die Sauce geben und etwa 5 Minuten bei schwacher Hitze gar ziehen lassen.

Inzwischen für die Nudeln Salzwasser in einem Topf erhitzen und die Spaghetti darin bissfest garen. Danach mit der Lachssauce auf Tellern anrichten und mit Basilikumblättern garnieren.

Margit Angerhofer, Lechbruck

Seelachsfilet in Senfsauce

Für 4 Personen:
Für die Sauce:
200 ml Gemüsebrühe
2–3 EL Crème fraîche
1–2 EL mittelscharfer Senf

4 Seelachsfilets
Salz, Pfeffer
etwas Mehl
2 EL Butterschmalz

Brühe mit Crème fraîche und Senf verrühren und in einem Topf bei sanfter Hitze etwa 5 Minuten köcheln lassen, bis die Sauce eine dickliche Konsistenz erreicht hat.

Die Fischfilets mit Salz und Pfeffer würzen, mit Mehl bestäuben und in heißem Butterschmalz auf jeder Seite etwa 4 Minuten braten. Mit der Senfsauce servieren.

Tipp: Dazu passen gut Kartoffelpüree und Buttergemüse.

Margit Angerhofer, Lechbruck

Fischpfanne

Für 4 Personen:
400 g Kartoffeln
40 g Butterschmalz
500 g Seelachsfilet
2 EL Zitronensaft
Salz, Pfeffer
4 EL Mehl
3 EL Öl
2 EL Senf, mittelscharf
150 g Erbsen
1/2 Bund Dill

Für die Béchamelsauce:
2–3 EL Butter
2–3 EL Mehl
250 ml Milch
etwas Zitronensaft
Salz, Pfeffer, Muskat

Die Kartoffeln kochen, anschließend schälen und in Scheiben schneiden. Butterschmalz in einer großen Pfanne erhitzen und die Kartoffelscheiben darin knusprig braten.

Den Fisch kalt abspülen und trocken tupfen. In mundgerechte Stücke teilen, mit Zitronensaft beträufeln und mit Salz und Pfeffer würzen. Im Mehl wenden und in heißem Öl etwa 4 Minuten goldbraun braten. Zu den Bratkartoffeln geben.

Für die Béchamelsauce die Butter in einem Topf erhitzen, Mehl unterrühren und hellbraun anschwitzen. Mit der Milch aufgießen und mit Zitronensaft, Salz, Pfeffer und Muskat abschmecken. Senf und die Erbsen zugeben, bei sehr sanfter Hitze etwa 6 Minuten ziehen lassen. Über die Bratkartoffel-Fisch-Mischung gießen. Den Dill klein hacken und die Fischpfanne damit bestreuen.

Ute Keppeler, Blöcktach

Fischfilets in Weißweinsauce

Für 4 Personen:
Für die Sauce:
1 Zwiebel
10 g Butter
150 g frische Champignons
1 Tasse Weißwein
1 Tasse Wasser
1 Eigelb
etwas Sahne

800 g Fischfilet
Saft von 1 Zitrone
Salz, Pfeffer
Petersilie
20 g Butter

Die Zwiebel klein schneiden und in der Butter glasig dünsten. Die Champignons in Scheiben schneiden, dazugeben und anbraten. Mit Wasser und Weißwein aufgießen, etwa 10 Minuten leicht köcheln lassen. Eigelb und Sahne verrühren, die Sauce damit binden. Nicht mehr kochen lassen.

Die Fischfilets mit dem Zitronensaft beträufeln, mit Salz und Pfeffer würzen und in heißer Butter anbraten. Mit der Weißweinsauce anrichten und mit Petersilie garnieren.

Tipp: Dazu passt Kartoffelpüree.
Margit Angerhofer, Lechbruck

Sahneschnitzel

Für 4 Personen:
5 Schnitzel
3 Scheiben Schinken, gekocht
1 Zwiebel
100–150 g frische Champignons
400 ml Sahne
1 Becher saure Sahne
1 Suppenwürfel Gemüsebrühe

Die Schnitzel leicht anbraten und in eine Auflaufform legen. Den Backofen auf 160 °C vorheizen. Inzwischen den Schinken und die Zwiebel in kleine Würfel schneiden und ebenfalls kurz anbraten, dann auf den Schnitzeln verteilen. Die Champignons in feine Scheiben schneiden und ebenfalls über die Schnitzel geben.

Zum Schluss die Sahne und die saure Sahne miteinander verrühren, den Suppenwürfel zerbröseln und einrühren. Die Sauce über die Schnitzel gießen und das Ganze je nach Dicke der Schnitzel mindestens 45 Minuten im heißen Backofen backen.

Tipp: Dazu passen Spätzle (s. S. 27), aber auch Nudeln oder Reis.

Yasmine Irmer, Oy-Mittelberg

Allgäuer Käseschnitzel vom Kalb

Für 4 Personen:
4 Kalbsschnitzel
100 g Emmentaler, gerieben
1/2 Becher Sahne
Pfeffer, Salz
Fett zum Braten

Den Backofen auf 200 °C vorheizen. Inzwischen die Kalbsschnitzel dünn klopfen, mit Pfeffer und Salz würzen und in der Pfanne anbraten.

Emmentaler und Sahne verrühren, nach Geschmack würzen. Die Schnitzel auf ein mit Backpapier ausgelegtes Blech legen und die Käse-Sahne-Mischung darübergeben. Im heißen Backofen etwa 10 Minuten goldbraun überbacken.

Siglinde Kögel, Weitnau

Überbackene Käsesteaks

Für 4 Personen:
4 Schweinesteaks
Steakgewürz
2 EL Mehl
40 g Butter
1 Zwiebel
1 Knoblauchzehe
50 g Schinken
250 g frische Champignons
125 ml Weißwein
125 ml Sahne
1 TL Mehl
Cayennepfeffer, Muskat
200 g Gouda, gerieben

Den Backofen auf 220 °C vorheizen. Inzwischen die Steaks würzen und in Mehl wenden. Die Butter in einer Pfanne zerlassen und die Steaks auf jeder Seite 4 Minuten anbraten, dann herausnehmen.

Zwiebel, Knoblauch und Schinken würfeln und goldgelb dünsten. Champignons in dünne Scheiben schneiden, dazugeben und ebenfalls andünsten. Mit Weißwein ablöschen. Sahne und Mehl verquirlen, in die Sauce geben und 2 Minuten mitkochen.

Mit Cayennepfeffer und Muskat würzen. Steaks in eine feuerfeste Form geben und mit der Sauce übergießen. Den geriebenen Käse darüberstreuen und das Ganze etwa 15 Minuten überbacken.

Tipp: Dazu passen am besten Spätzle (s. S. 27) oder Nudeln und ein frischer Salat.

Ute Keppeler, Blöcktach

Allgäuer Rostspieß

Für 4 Personen:
4 Schweineschnitzel
Salz, Pfeffer
Paprikapulver
8 Scheiben Emmentaler
etwas Mehl
Fett zum Braten

Für die Sauce:
2 Zwiebeln
100 g Schinken, gekocht
4 Tomaten, enthäutet
Butter zum Dünsten
250 ml Bratensauce
etwas Sahne
Salz, Pfeffer
etwas Knoblauch
Petersilie, gehackt

Die Schnitzel klopfen, würzen, mit Emmentaler belegen und zusammenrollen. In etwa 3 cm dicke Scheiben schneiden und auf Schaschlikspieße stecken. Die Spieße in Mehl wenden, in der Pfanne kurz anbraten und etwa 10 Minuten im Ofen warm halten. Zwiebeln, Schinken und Tomaten klein schneiden, in Butter andünsten. Mit Bratensauce und Sahne nach Geschmack aufgießen und kochen lassen. Anschließend mit Salz, Pfeffer, Knoblauch und Petersilie abschmecken.

Tipp: Dazu passen gut Pommes und Salate.

Sophie Gruber, Waltenhofen

Lende überbacken

Für 4 Personen:
1 Schweinelende
Salz, Pfeffer
1–2 Eier
Semmelbrösel
250 g Schweinebauch, geräuchert
250 g Schinken, gekocht
4 Becher Sahne
Fett zum Braten

Den Backofen auf 160 °C vorheizen. Inzwischen die Lende in kleine Medaillons schneiden, leicht klopfen und mit Salz und Pfeffer würzen. In Ei und Semmelbröseln panieren. Fett in einer Pfanne erhitzen und die Medaillons braten, anschließend erkalten lassen.

Den Bauch klein schneiden und im verbliebenen Fond der Pfanne anbraten. Den Schinken klein schneiden, dazugeben und mitbraten.

Die erkalteten Medaillons abwechselnd mit dem Bauch-Schinken-Gemisch aus der Pfanne schichtweise in eine Auflaufform geben und mit der Sahne übergießen. Im heißen Backofen 45 Minuten überbacken.

Tipp: Das Gericht kann auch sehr gut am Vortag vorbereitet werden; einfach die fertig befüllte Auflaufform über Nacht zugedeckt kühl stellen und am nächsten Tag überbacken.
Franziska Diebolder, Lachen

Überbackenes Putengeschnetzeltes

Für 4 Personen:
300 g Putenschnitzel
3 EL Öl
60 g Schinken, gekocht
Salz, Pfeffer
1 Eigelb
1 EL Sahne
1 EL Paniermehl
1/4 Bund Petersilie
80 g Emmentaler, gerieben
Fett für die Form

Den Backofen auf 200 °C vorheizen. Inzwischen die Schnitzel in etwa 2 cm dicke Streifen schneiden. Das Öl in einer Pfanne erhitzen und das Fleisch kurz anbraten. Den Schinken in Streifen schneiden. Fleisch und Schinken in eine gefettete Auflaufform geben. Mit Salz und Pfeffer würzen und im heißen Backofen etwa 5 Minuten backen.

Das Eigelb mit der Sahne und dem Paniermehl verrühren. Die Petersilie fein hacken und zusammen mit dem geriebenen Käse unter die Eigelbmischung rühren. Diese Mischung über das Fleisch in der Auflaufform geben; nochmals 10 Minuten überbacken.

Sylvia Mang, Memmingerberg

Bauernschnitzel

Für 4 Personen:
8 Scheiben Leberkäse
8 Scheiben Emmentaler
etwas Mehl
1–2 Eier
etwas Semmelbrösel
Butterschmalz zum Braten

Auf 4 Scheiben Leberkäse werden je 2 Scheiben Käse gelegt, am besten so, dass er nicht über den Rand steht. Dann auf jede mit Käse belegte Leberkäsescheibe eine zweite legen. Diese »Doppeldecker« dann in Mehl wenden und in Ei und Semmelbrösel panieren. Zum Schluss in Butterschmalz anbraten, bis die Panade eine schöne goldbraune Farbe hat. Vorsicht, kann schnell anbrennen, nicht zu heiß werden lassen.

Tipp: Dazu passt Kartoffelsalat (s. S. 34). Die Bauernschnitzel schmecken übrigens auch kalt gut zur Brotzeit.

Marlene Schwarz, Bernbeuren

Abgeschmelzte Maultaschen

Die Maultaschen in der Brühe 5 Minuten kochen, herausnehmen. Die Zwiebeln halbieren und in Ringe schneiden. Die Speckwürfel in einer Pfanne anbraten, die Zwiebeln dazugeben und kross anbraten. Die Maultaschen dazugeben und ebenfalls anbraten.

Die Eier mit Sahne verquirlen, über die Maultaschen gießen und stocken lassen. Würzen und mit Schnittlauch bestreuen.

Für 4 Personen:
600 g Maultaschen
1,5 l Brühe
2 Zwiebeln
200 g Speckwürfel
4 Eier
1 Becher Sahne
Salz
etwas Schnittlauch
Fett zum Braten

Tipp: Dazu schmecken Salat und ein Knoblauchdip. Für den Dip einfach 1 Becher Schmand mit 1 zerdrückten Knoblauchzehe und verschiedenen Kräutern verrühren.
Christine Brader, Memmingen-Dickenreishausen

Allgäuer Fleischküchle

Das Suppenfleisch durch den Fleischwolf drehen oder in der Küchenmaschine gut zerkleinern. Die Eier dazugeben. Die Semmeln in Wasser einweichen, ausdrücken und dazugeben, ebenso Semmelbrösel, Petersilie und Senf.

Die Zwiebel fein hacken, in Fett anschwitzen, hinzufügen. Die Fleischmasse mit Salz und Pfeffer würzen, den Emmentaler dazugeben. Alles gut miteinander vermischen und aus der Masse Küchle formen.

Die Fleischküchle in einer Pfanne von beiden Seiten braun anbraten, dann bei niedriger Temperatur durchbraten.

Für 4 Personen:
500 g Suppenfleisch, gekocht
3 Eier
2 altbackene Semmeln
etwas Semmelbrösel
etwas Petersilie, gehackt
1 EL Senf
1 Zwiebel
Salz, Pfeffer
50 g Emmentaler, gerieben
Fett zum Braten

Tipp: Dazu passt gut Kartoffelsalat (s. S. 34).
Brigitte Eggensberger, Ottobeuren

Katzegschrei

Für 4 Personen:
1 Zwiebel
500 g Suppenfleisch, gekocht
4–5 Eier
1 EL Öl
Salz
Fett zum Braten

Die Zwiebel fein hacken und in einer Pfanne goldgelb anbraten. Das kalte, gekochte Fleisch in kleine Stückchen schneiden. Die Eier verquirlen und mit den Fleischstückchen vermischen. Das Gemisch salzen und in einer Pfanne herausbraten.

Tipp: Dazu reicht man Preiselbeeren und grünen Salat.
Maria Günther, Wiggensbach

Dinnete

Für 6–8 Personen:
Für den Teig:
700 g Weizenmehl
300 g Roggenmehl
1 EL Salz
1 Würfel Hefe
700 ml lauwarmes Wasser
1 EL Brotgewürz

Für den Belag:
2 Becher Schmand
2 Zwiebeln
200 g Speck
200 g Emmentaler, gerieben
Kräutersalz
Kümmel oder Leinsamen

Für den Teig alle Zutaten in der Küchenmaschine etwa 10 Minuten kneten. Gehen lassen, bis er doppelt so groß ist, dann nochmals mit der Maschine durchkneten.

Den Backofen auf 250 °C vorheizen. Inzwischen den Teig auf zwei Bleche verteilen, ausrollen und nochmals kurz gehen lassen. Mit Schmand bestreichen.

Die Zwiebeln und den Speck würfeln und darauf verteilen. Geriebenen Emmentaler, Kräutersalz und Kümmel bzw. Leinsamen darübergeben und in den heißen Backofen schieben. Nach 10 Minuten zurückschalten auf 200–220 °C und die Dinneten noch etwa 10–15 Minuten backen.

Tipp: Das Wasser für den Teig kann auch durch einen Teil Buttermilch ersetzt werden, dann wird der Teig besonders locker.
Sabine Feierle, Kißlegg

Schwabentopf

Mehl, Wasser, Eier und 1 Teelöffel Salz zu einem zähen Teig rühren. Einen Topf mit Salzwasser erhitzen. Den Teig mit dem Spätzlehobel ins Wasser hobeln, Spätzle einmal aufkochen.

Inzwischen die Butter in einem großen Topf schmelzen. Wenn die Spätzle an der Wasseroberfläche erscheinen, mit dem Schaumlöffel aus dem Wasser heben und in der heißen Butter schwenken. Den Käse daruntermischen, salzen und die abgetropften Erbsen untermengen. Das Ganze auf einer Platte abgedeckt warm stellen.

Die Zwiebeln in Ringe schneiden und in einer Pfanne mit etwas Fett braun anbraten, herausnehmen und zur Seite stellen. Das Filet in Scheiben schneiden, würzen und braten. Mit Sahne ablöschen und die abgetropften Pilze dazugeben.

Die Filetscheiben auf der Spätzlemischung anrichten und die Sauce darübergeben. Die Zwiebelringe darauf verteilen und servieren.

Hilde Eckel, Buch-Christertshofen

Für 5–6 Personen:
Für die Spätzle:
400 g Mehl
250 ml Wasser
3 Eier
1 TL Salz

40 g Butter
200 g Emmentaler, gerieben
Salz
1 Dose Erbsen
2 Zwiebeln
700 g Schweinefilet
1 Becher Sahne
1 Dose Pilze
Fett zum Braten

Musmehlmus

Für 4 Personen:
750 g Pellkartoffeln
1 Zwiebel
1 Handvoll Speckwürfel
Salz, Pfeffer
2–3 EL Musmehl
500 ml Milch
Butter
10 Scheiben Toastbrot oder altbackenes Brot
Butterschmalz zum Braten

Die Kartoffeln kochen (oder übrig gebliebene vom Vortag nehmen), schälen und in dünne Scheiben schneiden. Die Zwiebel klein schneiden und mit den Speckwürfeln in einer Pfanne mit etwas Butterschmalz anbraten. Die Kartoffelscheiben dazugeben, kross anbraten, mit Salz und Pfeffer würzen.

Das Musmehl mit etwas Butterschmalz in einer anderen Pfanne anrösten, mit der Milch aufgießen und ausquellen lassen.

Das Brot würfeln und anrösten. Musmehl, Bratkartoffeln und Brotwürfel zusammen anrichten und servieren.

Christine Brader, Memmingen-Dickenreishausen

Musmehl (schwäbisch »Muasmähl«) wird aus im Ofen gerösteten Dinkel- oder Weizenkörnern gemahlen und stellt als grießiges, braunes Vollkornmehl die Grundlage für ein traditionelles schwäbisches Gericht der Landbevölkerung dar. Als Musmehlmus oder -brei zubereitet, ist es besonders nahrhaft und sättigend. Früher gab es den »schwarzen Brei«, wie die Mehlschwitze aus Musmehl auch genannt wird, bei einer Bauernfamilie sogar mehrmals am Tag. Er kann, wie hier beschrieben, mit Kartoffeln, Speck und was man sonst noch im Haus hat beliebig »gestreckt« werden und ergibt dadurch ein schmackhaftes, deftiges Essen.

Kartoffelroulade

Die Kartoffeln dämpfen, schälen und in eine Schüssel pressen. Solange die Masse noch warm ist mit Mehl bestäuben, mit Salz, Muskat und Eiern verkneten. Kartoffelteig auf einer mit Mehl bestäubten Arbeitsplatte etwa 1,5 cm dick ausrollen.

Die Zwiebel klein schneiden. Aus Hackfleisch, Zwiebel, eingeweichter Semmel, Ei und Gewürzen einen Fleischteig herstellen. Kartoffelteig mit Hackfleischmasse bestreichen und vorsichtig aufrollen. Von der Roulade etwa 1 cm dicke Scheiben abschneiden. Fett in einer Pfanne erhitzen und die Scheiben darin ausbacken.

Tipp: Dazu schmeckt am besten gedünstetes Weißkraut oder Salat.

Ursula Endres, Bad Grönenbach

Für 4–5 Personen:
Für den Teig:
750 g Kartoffeln, mehlig kochend
100–150 g Mehl
Salz, Muskat
2 Eier

Für die Füllung:
250 g Hackfleisch
1 Zwiebel
1 harte Semmel oder 2 EL Semmelbrösel
1 Ei
2 EL Petersilie
Salz, Pfeffer
Paprikapulver
Mehl zum Ausrollen
Fett zum Ausbacken

Krautspätzle

Das Wasser aus dem Sauerkraut drücken. Den Bauch in feine Würfel schneiden und in Schweineschmalz anrösten. Das Sauerkraut kräftig daruntermischen, damit sich der Bauch gleichmäßig verteilt. Mit Kümmel und Salz würzen und gut anrösten.

Einen Topf mit Salzwasser zum Kochen bringen. Inzwischen aus Mehl, Eiern, Wasser und Salz einen Teig herstellen und Spätzle ins kochende Wasser hobeln. Kurz ziehen lassen, dann mit der Schaumkelle abschöpfen.

Die fertigen Spätzle zum Sauerkraut geben, alles gut durchmischen und rösten. Nochmals mit Kümmel und Salz würzen.

Petra Brutscher, Fischen

Für 4 Personen:
Für die Füllung:
1 kg Sauerkraut
150 g Schweinebauch
60–80 g Schweineschmalz
Kümmel, Salz

Für die Spätzle:
600 g Mehl
4 Eier
250 ml Wasser
Salz

Allgäuer Krautwickel

Für 4 Personen:
1 Zwiebel
Petersilie, gehackt
1 mittelgroßer Kopf Weißkraut
300 g Hackfleisch
1 Ei
1 altbackene Semmel
20 g Fett
Salz, Muskat, Paprikapulver
Thymian, Rosmarin, Majoran, Liebstöckel, Oregano, Salbei
125–250 ml Brühe
etwas Mehl oder Saucenbinder
1 Schuss Sahne
etwas Tomatenmark
Fett zum Braten

Die Zwiebel fein würfeln und mit der Petersilie in Fett andünsten. Das Kraut putzen und waschen. In kochendes Salzwasser geben und garen. Anschließend bis auf ein wenig Inneres die Blätter einzeln ablösen und beiseite stellen. Das Krautinnere klein schneiden (2–3 Esslöffel).

Die Semmel in Wasser einweichen und gut ausdrücken. Das Hackfleisch mit Ei, Semmel, der angedünsteten Zwiebel-Petersilien-Mischung, den Gewürzen und Kräutern und dem klein geschnittenen Kraut vermischen.

Die Längsrippen der Blätter entfernen. Den Fleischteig portionsweise auf die einzelnen Krautblätter geben. Die Ränder einschlagen, aufrollen und mit Rouladennadeln befestigen.

Die Krautwickel in heißem Fett in einem Topf von allen Seiten anbraten, die Brühe zugeben und mit geschlossenem Deckel garen. Die anfallende Sauce nach Belieben ein wenig binden und mit Sahne und Tomatenmark abschmecken.

Tipp: Dazu passt Kartoffelpüree.
Gerlinde Olbrich, Leutkirch

Hackfleisch-Kraut-Pfanne

Für 4 Personen:
750 g Kartoffeln
1 kg Weißkraut
300 g Speck, durchwachsen
2 Zwiebeln
500 g Hackfleisch
125–250 ml Brühe
Salz, Pfeffer
Kümmel
Fett zum Dünsten

Die Kartoffeln kochen. Inzwischen das Weißkraut putzen und fein hobeln. Den Speck und die Zwiebeln klein schneiden und in einer großen Pfanne andünsten. Das Hackfleisch dazugeben. Das Weißkraut untermischen und die Brühe darübergießen. Bei geringer Hitze 40–50 Minuten garen.

Zuletzt die fertig gekochten Kartoffeln schälen, in Scheiben schneiden und in die Pfanne geben. Mit Salz, Pfeffer und Kümmel würzen.

Doris Bertele, Sulzberg

Allgäuer Krautkrapfen

Für 4 Personen:
Für den Teig:
250–300 g Mehl
1 Prise Salz
2 Eier
3–4 EL warmes Wasser

Für die Füllung:
1 Zwiebel
250 g Schweinebauch, geräuchert
450 g Sauerkraut
Salz, Pfeffer
Kümmel

250 ml Wasser
Butterschmalz zum Braten

Aus Mehl, Salz, Eiern und Wasser einen festen Teig kneten und anschließend ruhen lassen.

Für die Füllung die Zwiebel schälen und würfeln, den Schweinebauch klein schneiden und beides in einer Pfanne anschwitzen. Beim Sauerkraut die Flüssigkeit ausdrücken und zusammen mit Zwiebel und Schweinebauch in der Pfanne leicht anbraten, mit Pfeffer und Salz würzen, abkühlen lassen.

Nun den Teig dünn ausrollen, die Füllung gleichmäßig darauf verteilen und locker aufrollen. Die Rolle in 5–6 cm große Stücke schneiden. Die Stücke in einer Pfanne von beiden Seiten in Butterschmalz anbraten, dann mit 250 ml Wasser auffüllen.

Mit Salz, Pfeffer und Kümmel würzen und etwa 30 Minuten leicht köcheln lassen. Die Krautkrapfen im Topf servieren.

Angela Schütz, Leutkirch

Oberdorfer Krapfen

Für 4 Personen:
Für den Teig:
160 g Mehl
250 ml Milch
4 Eier
1 Prise Salz
Muskat

Für die Füllung:
100 g Speck
500 g Sauerkraut
100 g Hartkäse, gerieben
Schnittlauch

Fett zum Ausbacken
Fett für die Form

Das Mehl mit Milch, Eiern und Gewürzen verrühren. Aus dem Teig mehrere dünne Pfannkuchen backen und abkühlen lassen.

Den Backofen auf 180 °C vorheizen. Inzwischen den Speck würfeln, das Sauerkraut abtropfen lassen. Die Pfannkuchen mit Sauerkraut und Speck belegen und aufrollen. In eine große Auflaufform legen, mit Käse und Schnittlauch bestreuen und im heißen Backofen etwa 30 Minuten überbacken, bis der Käse geschmolzen ist.

Brigitte Schöpf, Kaufbeuren

Gaisburger Marsch

Für 4 Personen:
500 g Suppenknochen
1 Stange Sellerie
2 Karotten
1 kleine Petersilienwurzel
1 Stange Lauch
3 1/2 Zwiebeln
500 g Rinderbrust
1 Lorbeerblatt
2 Gewürznelken
einige Pfefferkörner
Salz
500 g Kartoffeln
150 g Spätzle, gekocht
30 g Butter

Die Suppenknochen mit ausreichend Wasser aufkochen und abschäumen. Währenddessen Sellerie, Karotten, Petersilienwurzel, Lauch und eine halbe Zwiebel putzen bzw. schälen, mit dem Fleisch und den Gewürzen in die noch heiße Brühe geben. Alles zugedeckt etwa 1 1/2 Stunden kochen.

In der Zwischenzeit die Kartoffeln schälen, waschen, in kleine Würfel schneiden und gesondert in Salzwasser etwa 20 Minuten garen. Das fertige Fleisch aus der Brühe nehmen und in mundgerechte Stücke schneiden. Die Brühe durch ein Sieb gießen und beiseite stellen. Die restlichen Zwiebeln in Ringe schneiden und in Butter goldgelb braten.

Zum Anrichten das Fleisch, die Kartoffeln und die Spätzle in eine Suppenterrine schichten und mit der heißen Brühe übergießen. Mit den Zwiebelringen bestreuen und servieren.

Ingrid Schädler, Leutkirch

Allgäuer Käsestrudel

Mehl, Ei, Essig, Öl, Wasser und Gewürze zu einem geschmeidigen, glatten Teig verkneten. Den fertigen Teig mit Öl bepinseln, zudecken und etwa 20 Minuten ruhen lassen.

Inzwischen Zwiebel, Lauch, Champignons, Paprika und Karotte klein schneiden und in einer Pfanne gut durchdünsten, abschmecken und auskühlen lassen.

Den Backofen auf 200 °C vorheizen. Inzwischen das Hackfleisch mit Kräutern, Ei, Semmel, Salz, Pfeffer und Tabasco in einer Schüssel vermengen.

Den Strudelteig auf einem großen Küchentuch dünn ausrollen und mit den Händen noch weiter ausziehen, bis er fast durchsichtig ist. Die Hackfleischmischung darauf verteilen und glatt drücken. Darauf den Käse auslegen, und als letzte Schicht das gedünstete Gemüse darauf verteilen. Das Ganze nun zum Strudel aufrollen und auf ein gut gefettetes Backblech legen. Im heißen Backofen etwa 30–40 Minuten backen. Anschließend herausnehmen und etwa 10 Minuten abkühlen lassen, dann aufschneiden.

Brigitte Schöpf, Kaufbeuren

Für 4–6 Personen:
Für den Strudelteig:
300 g Mehl
1 Ei
1 EL Essig
2 EL Öl
8–10 EL lauwarmes Wasser
2 Prisen Salz
Kümmel, gemahlen

Für die Füllung:
1 Zwiebel
1 Stange Lauch
1 Dose Champignons
1 rote Paprika
1 gelbe Paprika
1 Karotte
500 g Hackfleisch
1 EL Kräuter
1 Ei
1 eingeweichte Semmel
Salz, Pfeffer
etwas Tabasco
300 g Emmentaler, geschnitten
Fett zum Dünsten
Fett fürs Blech

»Heißer Ofen«

Für 8 Personen:
1–2 Knoblauchzehen
8 EL Olivenöl
3 Dosen geschälte Tomaten
750 g Gemüsezwiebeln
500 g grüne Paprika
750 g Zucchini
Salz, Pfeffer
2 Bund Basilikum
Zucker
1 kg Schweinefilet
30 g Butterschmalz
150 g Parmesan
375 g mittelalter Gouda
1 Becher Crème fraîche

Den Knoblauch schälen und zerdrücken. 3 Esslöffel Olivenöl in einem flachen Topf oder einer Pfanne erhitzen und den Knoblauch darin bei schwacher Hitze andünsten. Die Tomaten aus der Dose samt der Flüssigkeit dazugeben. Bei mittlerer Hitze ohne Deckel so lange köcheln, bis die Flüssigkeit vollständig verdampft ist, dann beiseite stellen.

Die Zwiebeln schälen, halbieren und in dünne Scheiben schneiden. Die Paprika vierteln, waschen und quer in Streifen schneiden. Die Zucchini ebenfalls waschen und in feine Scheiben schneiden. Das restliche Öl in einem Topf erhitzen und zuerst die Zwiebeln darin glasig dünsten, dann die Paprikastreifen und die Zucchinischeiben dazugeben. Das Gemüse so lange im offenen Topf garen, bis die Flüssigkeit verdampft ist. Mit Salz und Pfeffer würzen. Basilikumblätter von den Stielen zupfen und hacken. Unter die Tomatensauce rühren, mit Salz, Pfeffer und Zucker würzen.

Den Backofen auf 200 °C vorheizen. Inzwischen das Schweinefilet in 1 cm dicke Medaillons schneiden, die Schnittflächen etwas flachdrücken. Das Butterschmalz in einer Pfanne sehr heiß werden lassen und das Fleisch von beiden Seiten kurz darin anbraten. Mit Salz und Pfeffer würzen und beiseite stellen. Das Gemüse auf einem Backblech verteilen, die Medaillons darauflegen und die Tomatensauce gleichmäßig darübergeben.

Parmesan und Gouda grob reiben. Den Parmesan mit der Crème fraîche verrühren und mit einem Teelöffel kleine Häufchen davon auf die Tomatensauce setzen. Zum Schluss den Gouda darüberstreuen und das Ganze im heißen Backofen auf der mittleren Schiene 20 Minuten goldbraun überbacken.

Roswitha Baumann-Schuler, Kißlegg

Zucchinitorte

Mehl, Backpulver, Salz, Essig, Butter und Wasser zu einem salzigen Mürbteig verkneten, dann den Teig kühl stellen. Den Backofen auf 200 °C vorheizen.

Inzwischen für den Belag die Zwiebel und Zucchini würfeln und in Öl glasig dünsten. Den Schinken ebenfalls würfeln und dazugeben, mit Salz und Thymian würzen.

Ei mit Sauerrahm, Salz und Pfeffer verquirlen. Den Teig ausrollen und in eine gefettete Springform drücken (mit Rand). Die Zucchini-Schinken-Mischung darauf verteilen, die Ei-Sauerrahm-Mischung darübergießen und das Ganze mit dem geriebenen Käse bestreuen. Im heißen Backofen 35 Minuten überbacken, bis der Käse schön knusprig ist.

Tipp: Dazu passt grüner Salat.
Christoph Diebolder, Lachen

Für 4 Personen:
Für den Mürbteig:
200 g Mehl
1/2 TL Backpulver
1/4 TL Salz
1 TL Essig
125 g Butter
75 g Wasser

Für den Belag:
1 Zwiebel
500 g Zucchini
150 g Schinken
Salz, Thymian
1 Ei
1 Becher Sauerrahm
Salz, Pfeffer
Käse, gerieben

Öl zum Dünsten
Fett für die Form

Schnatternplatz

Für 4 Personen:
Für den Teig:
400 g Mehl
30 g Hefe
1/2 TL Zucker
225 ml lauwarmes Wasser
1 TL Salz
4 EL Schweineschmalz

Für den Belag:
2 Becher Sauerrahm
2 El Mehl
Salz, Pfeffer
Kümmel
1 Bund Frühlingszwiebeln (Schnattern)
250 g Schweinebauch, geräuchert

Für den Teig Mehl, Hefe, Zucker, Wasser, Salz und Schmalz verrühren und an einem warmen Ort gehen lassen, bis sich das Volumen des Teigs verdoppelt hat. In der Zwischenzeit für den Belag den Sauerrahm mit dem Mehl und den Gewürzen verrühren. Danach die Schnattern in schmale Ringe, das Geräucherte in feine Würfel schneiden.

Den Backofen auf 210 °C vorheizen. Inzwischen den Teig in zehn gleich große Stücke teilen und diese zu Fladen ausrollen. Die Fladen auf mit Backpapier ausgelegte Bleche legen und nochmals kurz gehen lassen.

Anschließend den Sauerrahm gleichmäßig auf die Fladen streichen. Zum Schluss die Schnattern drüberstreuen, das Geräucherte darauf verteilen und alles mit der flachen Hand leicht andrücken. Die Fladen im heißen Backofen etwa 15 Minuten backen, bis der Rand hellbraun ist.

Monika Rabus, Memmingen

Saure Bohnen mit Spätzle

Die Bohnen in reichlich Wasser gar kochen. Aus Butterschmalz und Mehl in einem Topf eine dunkle Mehlschwitze anrühren, mit Wasser aufgießen. Die Zwiebel fein schneiden und zusammen mit Lorbeerblatt, Sauerbratengewürz und Brühe hineingeben. Den Essig zugeben. Etwa 15 Minuten kochen lassen.

Inzwischen für die Spätzle Mehl mit Eiern, Milch und Salz in eine Schüssel geben. Alles zu einem zähen Teig rühren, bei Bedarf noch Mehl oder Milch bzw. Wasser zugeben. Etwa 1,5 l Salzwasser in einem Topf erhitzen. Den Teig mit dem Spätzlehobel ins Wasser hobeln. Spätzle einmal aufkochen und aus dem Wasser nehmen, kalt abschrecken.

Den Sud für die Bohnen nochmals abschmecken, falls nötig, und die fertigen Bohnen etwa 5 Minuten vor dem Essen hineingeben, damit alles heiß ist.

Margaretha Schneider, Opfenbach

Für 4 Personen:
Für die sauren Bohnen:
400 g Bohnen
Butterschmalz
3 EL Mehl
1/2 Zwiebel
1 Lorbeerblatt
1 TL Sauerbratengewürz
2 TL Gemüsebrühe
40 ml Essig

Für die Spätzle:
300 g Mehl
3 Eier
100 ml Milch oder Wasser
1/2 TL Salz

Käskartoffeln

Die Kartoffeln schälen, würfeln und in Salzwasser kochen. Wenn sie gar sind, schichtweise in eine weite Schüssel abwechselnd mit dem Käse einfüllen, zum Schluss durchmischen. Die Zwiebeln in Ringe schneiden und die Butter in einer Pfanne erhitzen. Die Zwiebelringe darin goldbraun rösten und anschließend über die Käskartoffeln geben.

Maria Kögel, Weitnau

Für 6 Personen:
1,5 kg Kartoffeln
150 g Emmentaler, gerieben
150 g Bergkäse, gerieben
1–2 Zwiebeln
30 g Butter

Spinatspätzle mit Käse überbacken

Für 2–3 Personen:
Für die Spätzle:
150 g Spinat, tiefgekühlt
250 g Mehl
2 Eier
1 TL Salz
5 EL Wasser

2 Zwiebeln
250 g Champignons
1 Becher Crème fraîche
Salz, Pfeffer, Muskat
150 g Allgäuer Emmentaler, gerieben
Fett zum Dünsten
Fett für die Form

Spinat mit ein wenig Wasser in einen Topf geben und bei schwacher Hitze auftauen lassen. Aus Mehl, Eiern, Salz, Spinat und 5 Esslöffel Wasser einen zähen Teig herstellen. Salzwasser in einem Topf erhitzen. Den Teig mit dem Spätzlehobel ins Wasser hobeln. Spätzle kurz aufkochen lassen und dann durch ein Sieb abgießen. Die fertigen Spätzle in eine gefettete Auflaufform geben.

Den Backofen auf 200 °C vorheizen. Inzwischen für die Sauce die Zwiebeln fein würfeln, die Champignons waschen, putzen und in Scheiben schneiden. Fett in einer Pfanne erhitzen, Zwiebeln und Champignons hineingeben und andünsten. Crème fraîche unterrühren, kurz erhitzen und alles mit Salz, Pfeffer und Muskat abschmecken. Die Sauce über die Spätzle geben und den Käse darüberstreuen. Im heißen Backofen etwa 10 Minuten überbacken.

Tanja Hindelang, Nesselwang

Kartoffel-Kräuter-Plätzchen mit Joghurtsauce

Für 3–4 Personen:
Für den Kartoffelteig:
500 g Kartoffeln
3 EL Kartoffelmehl
1 Eigelb
Salz, Pfeffer, Muskat
2 EL Kräuter, gehackt
(Petersilie, Schnittlauch, Bärlauch, Kerbel, Basilikum)

Fett zum Ausbacken

Für die Sauce:
1 Knoblauchzehe
50 g Gurke oder
1 Essiggurke
1 Becher Joghurt
Salz, Pfeffer

Die Kartoffeln mehlig kochen, ausdampfen lassen und durch die Kartoffelpresse drücken. Kartoffelmehl, Eigelb, Gewürze und Kräuter dazugeben und alles zu einer zähen Masse verrühren. Wenn nötig, noch mehr Mehl hinzufügen. Den Teig zu einer Rolle formen und Scheiben davon abschneiden. Diese in einer Pfanne mit heißem Fett goldbraun ausbacken.

Für die Joghurtsauce die Knoblauchzehe zerdrücken, die Gurke hobeln und beides mit dem Joghurt verrühren, mit Salz und Pfeffer abschmecken. Die Kartoffel-Kräuter-Plätzchen mit der Joghurtsauce servieren.

Tipp: Dazu passt grüner Salat.
Anita Ruf, Hohenreuthen

Kartoffelnester

Für 4 Personen:
500 g Kartoffeln
40 g Butter
1 Ei
1 EL Mehl
50 g Käse, gerieben
Salz, Pfeffer
Muskat
Fett fürs Blech

Für die Füllung:
400 g gemischtes Gemüse nach Saison
(z. B. Karotten, Erbsen, Bohnen, Blumenkohl)
250 ml Brühe
1 EL Sahne
Salz, Pfeffer
Petersilie

Den Backofen auf 180 °C vorheizen. Inzwischen die Kartoffeln dämpfen, schälen und noch heiß durch die Kartoffelpresse drücken. Die Butter schaumig rühren, Ei, Mehl, Gewürze und geriebenen Käse unterrühren. Kartoffeln dazugeben und verrühren. Die Masse abschmecken und in einen Spritzbeutel mit weiter Öffnung füllen. Ein Backblech einfetten und darauf Taler spritzen (ca. 12 cm Durchmesser). Im heißen Backofen 10–15 Minuten goldgelb backen.

In der Zwischenzeit das Gemüse putzen, klein schneiden und in einem Topf dünsten. Mit Brühe aufgießen, gar köcheln. Anschließend würzen und mit Sahne verfeinern. Gemüse auf die fertigen Kartoffelnester geben und sofort servieren.
Brigitte Natterer, Bad Grönenbach

Allgäuer Kässpätzle

Für 4 Personen:
2 Zwiebeln
100 g Emmentaler
100 g Bergkäse
etwas Schnittlauch
Fett zum Braten

Für die Spätzle:
4 Eier
300 g Mehl
1 TL Salz
etwas Wasser oder Milch nach Bedarf

Zuerst die Zwiebeln in Ringe schneiden und in heißem Fett goldgelb und kross braten. Inzwischen den Käse reiben, den Schnittlauch in kleine Röllchen schneiden.

Für den Spätzleteig Eier mit Mehl und Salz verrühren, bis der Teig Blasen wirft. Evtl. etwas Wasser oder Milch zugeben, bis er eine zähe Konsistenz hat. Salzwasser in einem Topf erhitzen. Den Teig mit dem Spätzlehobel ins Wasser hobeln. Spätzle kurz aufkochen lassen, dann mit einem Sieblöffel herausnehmen und schichtweise mit dem geriebenen Käse in eine vorgewärmte Porzellanschüssel oder Auflaufform geben. Einmal durchrühren. Zum Abschluss die gerösteten Zwiebeln und den Schnittlauch über die Kässpätzle streuen.

Tipp: Dazu passt am besten grüner Salat.
Ute Keppeler, Blöcktach

Kartoffeln mit Eiern in Senfsauce

Für 4 Personen:
600 g Kartoffeln
8 Eier

Für die Sauce:
1 Zwiebel
10 g Butter
200 ml Gemüsebrühe
300 g Joghurt
15 g Mehl
4 EL mittelscharfer Senf
1 Bund Schnittlauch
Salz, Pfeffer

Die Kartoffeln schälen und in Salzwasser garen. Die Eier wachsweich (etwa 8 Minuten) kochen. Die Zwiebel würfeln und in der Butter andünsten, die Gemüsebrühe zugeben und aufkochen. Joghurt mit Mehl verrühren, zur Brühe geben und alles 2–3 Minuten köcheln lassen. Den Senf unterrühren und das Ganze nochmals etwa 5 Minuten kochen, mit Salz und Pfeffer abschmecken. Den Schnittlauch fein hacken und in die Sauce rühren. Die gekochten Eier schälen, halbieren und vorsichtig in die Sauce geben. Mit den Kartoffeln servieren.
Hildegard Krohmer, Altusried

Saure Kartoffelrädle

In einem Topf aus Schmalz und Mehl eine dunkle Mehlschwitze herstellen. Die Zwiebel würfeln und dazugeben, mit dem Wasser ablöschen. Essig, Zitronensaft und Gewürze dazugeben und 30 Minuten kochen.

Inzwischen die Kartoffeln kochen. Die fertige Sauce absieben und abschmecken. Die Kartoffeln schälen und in Scheiben schneiden, unter die Sauce heben.

Ingrid Schädler, Leutkirch

Für 4 Personen:
80 g Butterschmalz
2 EL Mehl
1 Zwiebel
750 ml Wasser
1 EL Essig
etwas Zitronensaft
2 Lorbeerblätter
1 Nelke
1 Prise Kümmel
Salz, Pfeffer
750 g gekochte Kartoffeln

Spargel in Alufolie

Den Backofen auf 200 °C vorheizen. Inzwischen den Spargel schälen und die unteren Enden abschneiden. Den Spargel mit Zitronensaft beträufeln, damit er schön weiß bleibt. Mit etwas Salz und einer Prise Zucker würzen. Die Butter in einem Topf schmelzen lassen. Die Spargelstangen auf ein großes Stück Alufolie legen und mit der flüssigen Butter bestreichen. Die Alufolie dann so einschlagen, dass der Spargel darin schön verschlossen ist. Im heißen Backofen etwa 20 Minuten backen.

Tipp: Den fertigen Spargel am besten mit Sauce hollandaise (s. S. 74), Salzkartoffeln und Salat servieren. Spargel kann übrigens 2–3 Tage in feuchten Küchentüchern eingewickelt im Kühlschrank aufbewahrt werden und bleibt dabei frisch.

Irmgard Grath, Burkatshofen

Für 3–4 Personen:
8–10 Stangen Spargel
Salz
1 Prise Zucker
etwas Zitronensaft
50 g Butter

Fenchel-Camembert

Für 4 Personen:
4 Fenchelknollen
Saft von 1 Zitrone
2 Camemberts
250 ml Milch
4 Eier
1 Prise Salz
Fett zum Ausbacken

Die geputzten Fenchelknollen gut waschen (sie sind oft sandig). Leicht gesalzenes Wasser mit einem Schuss Zitronensaft in einem Topf zum Kochen bringen. Den Fenchel darin 15–20 Minuten garen. Anschließend abtrocknen und in Scheiben schneiden, mit ein wenig Zitronensaft beträufeln. Den Camembert in dicke Scheiben schneiden. Zwischen je zwei Fenchelscheiben zwei Camembertscheiben legen.

Milch, Eier und Salz zu einem Backteig verrühren, die Fenchel-Camembert-Doppeldecker darin wenden, anschließend in heißem Fett schwimmend ausbacken.

Tipp: Sehr gut passt dazu eine pikante Tomatensauce, außerdem kann man Salz- oder Pellkartoffeln dazu reichen.
Waltraud Küchle, Memmingen

Allgäuer Pfannkuchen

Für 2 Personen:
4 Eier
4 EL Mehl
200 g Emmentaler, gerieben
6–8 EL Milch
Salz, Pfeffer
Fett zum Ausbacken

Die Eier trennen, das Eiweiß steif schlagen. Eigelb, Mehl und Milch in einer Schüssel gut verrühren. Mit Salz und Pfeffer abschmecken und das Eiweiß unterziehen. Die Hälfte des Teigs in eine gefettete, nicht zu heiße Pfanne gießen und die Hälfte des geriebenen Emmentalers darüber verteilen. Den Pfannkuchen zugedeckt bei mittlerer Hitze ausbacken. Anschließend zusammenklappen und sofort servieren. Mit der anderen Hälfte des Teigs genauso verfahren.

Tipp: Am besten reicht man dazu Salat.
Hildegard Geiger, Pleß

Zucchini mit Semmelfüllung

Für 4 Personen:
4 Zucchini
Salz, Pfeffer
4 altbackene Semmeln
125 ml Milch
1 Zwiebel
2 EL Petersilie, gehackt
2 EL Butter
100 g Emmentaler, gerieben
2 Eier

Die Zucchini waschen und halbieren, das weiche Mark und die Kerne entfernen. Die ausgehöhlten Zucchinihälften mit Salz und Pfeffer würzen. Die Milch mit 1 Prise Salz erhitzen, die Semmeln in Scheiben schneiden. Die heiße Milch über die Semmeln gießen, zugedeckt durchziehen lassen.

Die Zwiebel klein schneiden und zusammen mit der Petersilie in etwas Butter andünsten. Anschließend zu den Semmeln geben, Käse und Eier unterrühren und alles gut durchmischen. Diese Masse in die Zucchinihälften füllen.

Etwas Butter in einer Pfanne erhitzen. Die Zucchinihälften mit der Füllung nach unten bei mittlerer Hitze anbraten, bis die Semmelmasse eine goldbraune Kruste bildet (5–6 Minuten). Dann wenden und nochmals etwa 5 Minuten dünsten.

Margit Angerhofer, Lechbruck

Spaghetti-Omelette

Für 4 Personen:
200 g Spaghetti
100 g Blattspinat, tiefgekühlt
6 Eier
Salz, Pfeffer
125 g Bergkäse, gerieben
Petersilie, gehackt
30 g Butter

Die Spaghetti in reichlich Salzwasser bissfest kochen. Den Spinat nach Packungsanweisung garen und abseihen. Die Eier in einer großen Schüssel mit Salz und Pfeffer verquirlen, Spaghetti, Spinat, Käse und Petersilie dazugeben, alles gut durchmischen. Die Hälfte der Butter in einer Pfanne erhitzen und die Hälfte der Nudelmasse hineingeben. Backen, bis sich eine goldbraune Kruste gebildet hat, danach das Spaghetti-Omelette wenden. Die zweite Seite ebenso goldbraun backen. Mit der restlichen Nudelmasse genauso verfahren.

Margit Angerhofer, Lechbruck

Gemüsestrudel

Für 3–4 Personen:
Für den Strudelteig:
250 g Mehl
2 EL Öl
2 Eigelb
1/2 TL Salz
125 ml Wasser

Für die Füllung:
2 rote Paprika
1 Zwiebel
250 g Zucchini
2 EL Öl
2 EL Kräuter
(z. B. Basilikum, Oregano)
Salz, Pfeffer

etwas Butter

Für den Strudelteig Mehl, Öl, Eigelb, Salz und Wasser in eine Schüssel geben, zu einem glatten Teig verrühren und abgedeckt, am besten unter einer angewärmten Schüssel, 1 Stunde ruhen lassen.

Den Backofen auf 220 °C vorheizen. Inzwischen für die Füllung das Gemüse in Würfel schneiden und in einer Pfanne mit dem Öl andünsten. Mit den Kräutern vermischen und würzen. Den Teig dünn ausrollen (ca. 40 x 40 cm), die Gemüsefüllung darauf verteilen und den Teig aufrollen.

Den Strudel auf ein mit Backpapier ausgelegtes Backblech setzen. Mit etwas Butter bepinseln und etwa 45 Minuten backen.

Tipp: Die Gemüsefüllung kann je nach Geschmack variiert und z. B. auch mit Erbsen und Karotten zubereitet werden.

Karin Eller, Oberstaufen

Fischauflauf

Für 4 Personen:
4 Fischfilets
Saft von 1 Zitrone
1/2 Zwiebel
Salz
Petersilie, gehackt
8 Scheiben Speck
1 Dose Tomatenmark
2 Scheiben Emmentaler
1 EL Wasser
1 Ei
2 gehäufte EL Semmelbrösel
etwas Öl
2 Tomaten
Fett für die Form

Den Backofen auf 220 °C vorheizen. Inzwischen die Fischfilets waschen und mit dem Saft einer Zitrone säuern. Die Zwiebel schälen und fein reiben. Die Filets salzen, mit der Zwiebel und einem Teil der gehackten Petersilie einreiben.

Das erste Filet mit Speck bedecken, das zweite Filet mit Tomatenmark bestreichen, das dritte Filet mit dem Käse belegen. Für das vierte Filet werden Wasser, Petersilie, Ei und Semmelbrösel gut vermischt und auf das Filet gestrichen.

Alle Filets der Reihe nach (das erste zuunterst) aufeinander in eine gefettete Auflaufform schichten und mit Öl dünn überziehen. Die Tomaten in kleine Würfel schneiden und rings um die Filets verteilen. Im heißen Backofen etwa 30 Minuten backen.

Tipp: Dazu passen am besten Reis und ein grüner Salat.
Sandra Pfalzer, Memmingen

Bergbauernauflauf

Für 4 Personen:
250 g altbackene Semmeln
250 g Emmentaler
250 g Salami oder Schinken
1 Zwiebel
500 ml Milch
3 Eier
1 EL Mehl
Salz, Pfeffer, Muskat
etwas Petersilie, gehackt
Fett für die Form

Den Backofen auf 200 °C vorheizen. Inzwischen die Semmeln in Würfel schneiden, Käse, Salami bzw. Schinken und die Zwiebel ebenfalls klein würfeln. Alles gut miteinander vermischen und in eine gefettete Auflaufform geben. Die Milch erwärmen, mit Eiern, Mehl und Gewürzen sowie der Petersilie verquirlen. Über das Brotgemisch gießen und alles im heißen Backofen etwa 50 Minuten backen.

Tipp: Ein prima Resteessen, dazu serviert man am besten grünen Salat.
Ute Keppeler, Blöcktach

Brät-Strudel-Auflauf

Für 5–6 Personen:
Für den Teig:
500 ml Milch
4 Eier
50 g Butter
Salz, Pfeffer, Muskat
250 g Mehl

Für die Füllung:
500 g Brät
100 ml Milch
2 Eier
Salz, Pfeffer, Muskat
etwas Semmelbrösel

250 ml Brühe
Fett zum Ausbacken

Für den Teig Milch und Eier miteinander verquirlen. Die Butter schmelzen und dazugeben, würzen. Das Mehl hinzufügen und alles zu einem geschmeidigen Pfannkuchenteig verrühren, mindestens 10 Minuten ruhen lassen. Fett in einer Pfanne erhitzen und mehrere dünne Pfannkuchen darin ausbacken.

Den Backofen auf 200 °C vorheizen. Inzwischen für die Füllung das Brät mit der Milch glatt rühren. Eier und Gewürze dazugeben und verrühren. Semmelbrösel je nach Bedarf hinzufügen, bis ein streichfähiger Teig entsteht. Die Brätmasse auf die Pfannkuchen verteilen und gleichmäßig verstreichen. Danach die Pfannkuchen aufrollen und in eine Auflaufform legen.

Die Brühe aufkochen und heiß über die Pfannkuchen gießen. Den Auflauf im heißen Backofen etwa 45 Minuten backen. Oben sollten die Pfannkuchen knusprig sein, unten weich. Den fertigen Auflauf vor dem Verzehr rund 5 Minuten ruhen lassen.

Tipp: Eine leckere Variante ist es, den Auflauf abkühlen zu lassen und die Pfannkuchen anschließend in 2 cm dicke Scheiben zu schneiden, diese in der Pfanne mit Butter anbraten. Dazu passen sehr gut Kartoffelsalat (s. S. 34) und Blattsalat.

Brigitte Natterer, Bad Grönenbach

Maultaschenauflauf

Für 4–5 Personen:
600 g Maultaschen
2–3 Tomaten
5–6 Champignons
250 g Schinken
1 Zwiebel
350 g Emmentaler
etwas Kräuter
Salz, Pfeffer
Fett für die Form

Den Backofen auf 180 °C vorheizen. Inzwischen die Maultaschen, Tomaten und Champignons in Scheiben schneiden, den Schinken in Würfel. Die Zwiebel schälen, halbieren und ebenfalls in Scheiben schneiden. Die Kräuter hacken und den Käse reiben. Nun eine Auflaufform einfetten und dann schichtweise die Zutaten in die Form geben: mit den Maultaschen beginnen, dann ein paar Tomaten, Champignons, Zwiebelscheiben, Schinkenwürfel, Käse und ein bisschen Kräuter darüber, mit Salz und Pfeffer würzen. So fortfahren, bis alle Maultaschen aufgebraucht sind, mit einer Käseschicht aufhören. Im heißen Backofen 30–45 Minuten überbacken.
Judith Mayer, Böhen

Allgäuer Spätzleauflauf

Für 4 Personen:
Für die Spätzle:
400 g Mehl
4 Eier
125 ml Wasser
1 TL Salz

40 g Räucherspeck
2 Zwiebeln
400 g Hackfleisch
3 EL Tomatenmark
Salz, Pfeffer
Kümmel
100 g Emmentaler, gerieben
300 g Weinsauerkraut
30 g Butterflöckchen
Fett zum Braten

Für die Spätzle Mehl, Eier, Wasser und Salz zu einem zähen Teig verarbeiten. Einen Topf mit Salzwasser erhitzen. Den Teig mit dem Spätzlehobel ins Wasser hobeln, die Spätzle einmal aufkochen lassen und dann abgießen.

Den Backofen auf 200 °C vorheizen. Inzwischen den Räucherspeck und die Zwiebeln fein würfeln und beides in einer Pfanne anbraten. Das Hackfleisch dazugeben und mit dem Tomatenmark und den Gewürzen abschmecken. Die Hälfte der Hackfleischmasse in eine Auflaufform füllen und mit der Hälfte des Käses bestreuen. Die Spätzle mit dem Sauerkraut mischen und darüber verteilen. Dann die restliche Hackfleischmasse daraufgeben, mit dem Rest Käse bestreuen, und die Butterflöckchen auf der Käseschicht verteilen. Im heißen Backofen etwa 45 Minuten backen.
Monika Zwerger, Obergünzburg-Willofs

Kartoffelauflauf

Für 3–4 Personen:
1 kg Kartoffeln
300 g Wurst oder Schinken
2 Frühlingszwiebeln
1 Knoblauchzehe
3 El gemischte Kräuter
2 El Sauerrahm
100 g Allgäuer Emmentaler, gerieben
Salz, Pfeffer, Muskat
Fett für die Form

Die Kartoffeln kochen und inzwischen den Backofen auf 200 °C vorheizen. Die fertigen Kartoffeln schälen und in dünne Scheiben schneiden. Eine gefettete Auflaufform mit der Hälfte der Kartoffeln auslegen. Wurst bzw. Schinken klein schneiden. Zwiebeln und Knoblauch fein hacken, mit Kräutern, Sauerrahm, geriebenem Käse und Gewürzen mischen. Einen Teil dieser Masse über die Kartoffelscheiben geben, Wurst bzw. Schinken darauf verteilen. Die andere Hälfte der Kartoffelscheiben daraufschichten und zum Abschluss die restliche Käsemasse aufstreichen. Im heißen Backofen etwa 30 Minuten backen.

Tipp: Statt Wurst oder Schinken eignet sich auch gut frisches Gemüse der Saison, das man vorher kurz andünstet.

Tanja Hindelang, Nesselwang

Allgäuer Käseauflauf

Für 4 Personen:
6 Eier
250 g Allgäuer Emmentaler, gerieben
1 TL Paprikapulver
5 EL Öl
6 EL Milch
3 EL Mehl
1 Bund Petersilie
Fett für die Form

Den Backofen auf 175 °C vorheizen. Inzwischen die Eier trennen, das Eiweiß steif schlagen. Eigelbe mit Käse, Paprikapulver, Öl, Milch und Mehl verquirlen. Die Petersilie fein hacken und dazugeben, den Eischnee unterziehen. Die Mischung in eine gefettete Auflaufform füllen und im heißen Backofen 20–25 Minuten backen, bis der Auflauf goldbraun ist.

Tipp: Der Auflauf schmeckt auch lecker mit Tomatensauce.

Hildegard Krohmer, Altusried

Kartoffel-Wirsing-Auflauf

Den Backofen auf 200 °C vorheizen. Inzwischen die Kartoffeln garen und anschließend in Scheiben schneiden. Den Wirsing fein schneiden und in der Gemüsebrühe bissfest dünsten, dann abseihen und dabei die Brühe auffangen.

Die Butter in einem Topf zergehen lassen, Mehl hinzufügen und mit der Gemüsebrühe aufgießen. Sahne und Gewürze hinzugeben. Alles zusammen in eine Auflaufform geben, vermischen und den Käse darüberstreuen. Im heißen Backofen 30–40 Minuten backen, bis der Käse schön goldbraun ist.

Margit Angerhofer, Lechbruck

Für 4 Personen:
500 g Kartoffeln
500 g Wirsing
250 ml Gemüsebrühe
40 g Butter
50 g Mehl
100 ml Sahne
Salz, Pfeffer, Muskat
150 g Emmentaler, gerieben

Zucchiniauflauf

Den Backofen auf 180 °C vorheizen. Inzwischen das Toastbrot zerbröseln. Die Tomaten häuten und in Scheiben schneiden, die Zucchini ebenfalls in Scheiben schneiden. Eine Auflaufform einfetten (am besten mit Öl) und die Zucchinischeiben hineinschichten. Mit Salz und Pfeffer würzen.

Die Knoblauchzehe zerdrücken und mit der Crème fraîche verrühren. Auf die Zucchinischeiben streichen. Die Tomatenscheiben darüber verteilen und ebenfalls würzen. Basilikum hacken und über die Tomatenschicht streuen. Die Petersilie fein hacken und mit Parmesan und Brotbröseln vermischen, leicht salzen. Das Olivenöl unter diese Mischung rühren und über dem Gemüse in der Form verteilen. Im heißen Backofen 20–30 Minuten goldbraun überbacken.

Hildegard Krohmer, Altusried

Für 4 Personen:
2–3 Scheiben Vollkorntoast
2–3 Fleischtomaten
3 Zucchini
Salz, Pfeffer
1 Knoblauchzehe
100 g Crème fraîche
1 Bund Basilikum
1 Bund Petersilie
25 g Parmesan
5–6 EL Olivenöl
Fett für die Form

Kartoffel-Spargel-Auflauf

Für 4 Personen:
8 Kartoffeln
Salz, Pfeffer, Muskat
500 g Spargel
etwas Zitronensaft
etwas Zucker
1 Zwiebel
150 g Champignons
Petersilie, gehackt
50 g Käse, gerieben
Fett für die Form
Fett zum Dünsten

Für die Sauce hollandaise:
200 g Butter
3 Eigelb
4 EL trockener Weißwein
oder Wasser
1 EL Zitronensaft
Salz, Pfeffer

Die Kartoffeln waschen und in der Schale kochen. Anschließend abkühlen lassen, schälen und in Scheiben schneiden. Eine eckige Auflaufform einfetten und die Hälfte der Kartoffelscheiben hineinschichten, würzen.

Den Spargel schälen. Salzwasser mit etwas Zucker und Zitronensaft zum Kochen bringen und den Spargel darin etwa 20 Minuten garen. Anschließend abgießen und die abgetropften Spargelstangen auf die Kartoffeln in die Auflaufform legen.

Den Backofen auf 200 °C vorheizen. Inzwischen die Zwiebel fein hacken, die Champignons putzen und in Scheiben schneiden. Beides in heißem Fett in einer Pfanne andünsten, würzen und die Petersilie unterrühren. Die Masse auf dem Spargel verteilen. Die zweite Hälfte der Kartoffelscheiben darüberschichten, würzen.

Für die Sauce hollandaise die Butter in kleine Würfel zerteilen. Eigelb mit Weißwein bzw. Wasser und Zitronensaft im heißen Wasserbad mit dem Schneebesen oder einem elektrischen Handrührgerät schaumig rühren. Dann immer wieder Butterstückchen zugeben, bis die Butter sich ganz mit der Eigelbmasse verbunden hat. Darauf achten, dass das Wasserbad nicht zu kochen beginnt, da sonst die Sauce gerinnt. Zum Schluss die Sauce mit Salz und Pfeffer abschmecken.

Die fertige Sauce hollandaise über die Kartoffel-Spargel-Schichten gießen. Danach den geriebenen Käse darüberstreuen. Das Ganze im heißen Backofen etwa 25 Minuten überbacken.

Tipp: Dazu reicht man Salat.
Ute Keppeler, Blöcktach

Bunter Gemüseauflauf

Die Kartoffeln kochen, schälen und in Würfel schneiden. Den Backofen auf 200 °C vorheizen. Inzwischen das Gemüse putzen und ebenfalls klein schneiden. In der Gemüsebrühe bissfest dünsten. Anschließend abseihen, dabei die Brühe auffangen. In diese den Frischkäse und die Sahne rühren. Gemüse und Kartoffeln dazugeben. Mit etwas Salz, Pfeffer und Muskat würzen.

Alles in eine Auflaufform geben. Den Käse mit den Semmelbröseln vermischen und darüberstreuen. Ein paar Butterflöckchen obenauf legen. Im heißen Backofen etwa 30 Minuten überbacken, bis der Käse schön goldbraun ist.

Für 4 Personen:
750 g Kartoffeln
500 g gemischtes Gemüse (z. B. Karotten, Brokkoli, Zucchini, Paprika)
125 ml Gemüsebrühe
200 g Kräuterfrischkäse
100 ml Sahne
Salz, Pfeffer, Muskat
200 g Emmentaler, gerieben
1 EL Semmelbrösel
etwas Butter

Tipp: Es eignen sich auch gekochte Kartoffeln vom Vortag. Zum Auflauf passt grüner Salat.
Margit Angerhofer, Lechbruck

Nudelauflauf

Für 4 Personen:
250 g Hörnchen- oder Spiralnudeln
300 g gemischtes Gemüse nach Saison (z. B. Karotten, Erbsen, Bohnen, Blumenkohl)
125 ml Gemüsebrühe
100 g Kräuterschmelzkäse
2 Eier
100 ml Sahne
300 g Emmentaler, gerieben
1 EL Semmelbrösel
etwas Butter
Fett für die Form

Den Backofen auf 200 °C vorheizen. Inzwischen die Nudeln in Salzwasser bissfest kochen und anschließend abgießen.

Das Gemüse putzen, klein schneiden und in der Gemüsebrühe ebenfalls bissfest garen. Anschließend abseihen, dabei die Gemüsebrühe auffangen. Schmelzkäse, Eier und Sahne in die Brühe geben und verrühren. Diese Sauce zusammen mit den Nudeln und dem Gemüse in eine gefettete Auflaufform geben und ein Drittel des geriebenen Emmentalers untermischen.

Den restlichen Käse mit Semmelbröseln vermischen (das gibt eine knusprige Kruste), auf dem Auflauf verteilen und ein paar Butterflöckchen obenauf legen. Im heißen Backofen etwa 30 Minuten backen, bis der Käse schön goldbraun ist.

Margit Angerhofer, Lechbruck

Desserts
&
Süßspeisen

Kartoffelwürscht

Für 4 Personen:
250 g mehlige Kartoffeln
125 ml Milch
1/2 Würfel Hefe
250 g Mehl
2 Eier
Salz, Pfeffer, Muskat
Fett zum Ausbacken

Die Kartoffeln kochen, anschließend schälen und noch heiß durch die Kartoffelpresse drücken. Dann erkalten lassen. Die Milch erwärmen, in eine Schüssel geben und die Hefe darin einweichen. Die Kartoffelmasse, Mehl, Eier und Gewürze dazugeben und vermengen. Den Teig 1 Stunde ruhen lassen.

Danach Teigrollen mit 2–3 cm Durchmesser formen, auf 10 cm Länge zuschneiden und in heißem Fett schwimmend backen, bis sie goldbraun sind.

Tipp: Dazu reicht man Apfelmus (s. S. 88), aber auch Sauerkraut schmeckt dazu und macht die Würscht zu einem deftigen Hauptgericht.
Waltraud Küchle, Memmingen

Nonnafürzle

Für 6 Personen:
125 ml Milch
125 ml Wasser
100 g Butter
1 Prise Salz
1 Prise Zucker
140 g Mehl
5 Eier
Zimt, Zucker
Fett zum Frittieren

Milch, Wasser und Butter mit Salz und Zucker in einen Topf geben und aufkochen. Von der Kochstelle nehmen und das Mehl mit einem Holzlöffel einrühren. Wieder auf die Kochstelle geben und so lange rühren und abbrennen, bis eine geschmeidige Masse entstanden ist und sich am Topfboden ein leichter Film gebildet hat.

Die Masse in eine Rührschüssel geben, kurz abkühlen lassen und dann nach und nach die Eier unterrühren. Mit einem Teelöffel kleine Nocken aus dem Teig formen und in der Fritteuse oder einem Topf mit viel Öl ausbacken. Die noch heißen Nocken in einer Zimt-Zucker-Mischung wälzen.

Tipp: Mit Vanilleeis oder Vanillesauce servieren.
Sylvia Mang, Memmingerberg

Krisbeerkratzat

Aus Mehl, Milch, Zucker, Salz und Eiern einen zähflüssigen Teig anrühren. Die Hälfte davon in eine Pfanne mit heißem Butterschmalz gießen. Kurz anziehen lassen, dann die Hälfte der gewaschenen, entsteinten Kirschen (die Krisbeer) gleichmäßig darauf verteilen.

Die Kratzat danach wenden und mit dem Pfannenheber in kleine Stücke zerteilen. Etwas Butterschmalz nachgeben und die Kratzat abgedeckt oder im warmen Backofen noch etwa 20 Minuten ziehen lassen, damit alles schön durch wird. Mit der anderen Teighälfte und dem Rest der Kirschen genauso verfahren.

Brigitte Brutscher, Fischen

Für 2 Personen:
6 EL Mehl
4–6 EL Milch
2 EL Zucker
1 Prise Salz
6 Eier
30–40 Kirschen
Butterschmalz zum Ausbacken

Kaiserschmarrn

Die Eier trennen, die Butter schmelzen. Mehl mit Eigelb, Milch, Puderzucker, Salz, Rum und der zerlassenen Butter zu einem glatten Teig verrühren. Das Eiweiß steif schlagen und unterheben, dann die Rosinen unterheben. Ein Viertel des Teigs in eine Pfanne mit heißem Butterschmalz gießen und ausbacken, dabei den Schmarrn mit dem Pfannenheber in kleine Stücke zerreißen. Mit dem Rest des Teigs portionsweise genauso verfahren. Fertigen Kaiserschmarrn inzwischen in eine Schüssel geben, mit Puderzucker bestreuen und warm stellen, bis alle Portionen fertig sind.

Tipp: Dazu schmeckt Kompott jeder Art, z. B. das Holunder-Zwetschgen-Kompott (s. S. 116).

Beatrix Schad, Isny-Kreuzthal

Für 4 Personen:
6 Eier
50 g Butter
300 g Mehl
250 ml Milch
2 EL Puderzucker
1 Prise Salz
2 EL Rum
80 g Rosinen
Puderzucker
Butterschmalz zum Ausbacken

Dampfnudeln

Für 6 Personen:
250 ml Milch
ca. 50 g Zucker
20 g Hefe
500 g Mehl
Salz
150 g Butterschmalz
2 Eier

Einen kleinen Teil der Milch zuckern und leicht erwärmen. Die Hefe darin auflösen und kurz gehen lassen. Das Mehl in eine Schüssel geben und eine Kuhle in die Mitte machen. Das Milch-Hefe-Gemisch in die Mehlvertiefung geben und dort 30 Minuten ruhen lassen. Danach die restliche Milch erwärmen und dazugeben, ebenso das Salz.

Das Butterschmalz ein wenig erwärmen, Eier, Salz und Zucker dazugeben und gut durchrühren. Diese Masse zu der Mehlmischung geben und alles verrühren, bis der Teig Blasen wirft. Den Teig an einen warmen Ort stellen und ruhen lassen, bis er aufgeht.

Danach sticht man vom Teig knödelgroße Stücke ab und lässt diese Nudeln noch etwa 20 Minuten auf einem bemehlten Brett liegen, um ein Nachtreiben zu ermöglichen. In einem großen, flachen Topf etwas Butterschmalz zergehen lassen, mit Wasser aufgießen (bis zu 2 cm hoch), Salz und Zucker hinzugeben. Nun die Nudeln dicht nebeneinander hineinsetzen und den Topf am besten mit einem Glasdeckel gut verschließen – der Deckel darf während der Backzeit nicht heruntergenommen werden. Die Dampfnudeln bei schwacher Hitze etwa 20 Minuten backen lassen.

Tipp: Kompott (z. B. das Holunder-Zwetschgen-Kompott, S. 116) oder Vanillesauce dazu reichen.
Susanne Bausch, Kierwang

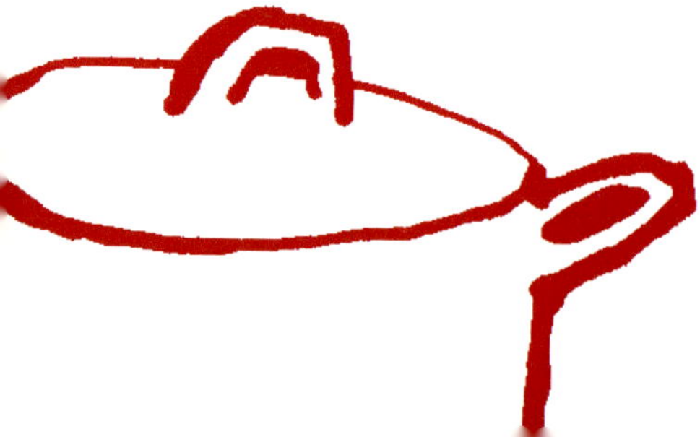

Waffeln

Butter, Zucker, Vanillezucker, Zitronenschale und Salz verrühren. Die Eier dazugeben und zuletzt Milch und Mehl unterrühren. Den Teig im gefetteten Waffeleisen zu knusprigen Waffeln backen. Anschließend mit Puderzucker bestreuen und warm servieren.

Tipp: Dazu passen gut Fruchtquark, Eis oder Kompott (z. B. das Holunder-Zwetschgen-Kompott, S. 116).
Sabine Feierle, Kißlegg

Für 6–8 Personen:
125 g Butter
75 g Zucker
1 Päckchen Vanillezucker
1 Prise Salz
etwas abgeriebene Zitronenschale
4 Eier
250 ml Milch
250 g Mehl
Puderzucker
Fett fürs Waffeleisen

Arme Ritter

Semmeln bzw. Zopf- oder Toastbrot in fingerdicke Scheiben schneiden. Aus Mehl, Milch, Eiern, Salz und etwas Zucker einen dickflüssigen Teig herstellen. Die Scheiben nun in diesen Teig gut eintauchen und im heißen Butterschmalz schwimmend von beiden Seiten goldgelb backen. Die fertigen Scheiben herausnehmen und mit Zucker und Zimt bestreuen.

Tipp: Dazu reicht man am besten Apfelmus (s. S. 88) oder Kompott (z. B. das Holunder-Zwetschgen-Kompott, S. 116). Ohne die Verwendung von Zopfbrot und Zucker schmecken die Armen Ritter aber auch sehr gut zu frischem gemischtem Salat.
Monika Rabus, Memmingen

Für 4 Personen:
6 Semmeln oder 16 Scheiben Zopf- oder Toastbrot
6 EL Mehl
125 ml Milch
3–4 Eier
1 Prise Salz
Zucker, Zimt
Butterschmalz zum Ausbacken

Schneebälle

Für 8 Personen:
7 Eier
1 Prise Salz
5 EL Wasser
2 Päckchen Vanillezucker
250 g Zucker
200 g Mehl
1/2 TL Backpulver
250 g Magerquark
150 g Crème fraîche
125 ml Amaretto
400 g Schlagsahne
2 Päckchen Sahnefestiger
150 g Kokosraspel
ca. 36 Papiermanschetten

Ein Backblech mit Backpapier auslegen, den Backofen auf 150 °C vorheizen. Inzwischen die Eier trennen, Eiweiß mit Salz und 5 Esslöffeln kaltem Wasser steif schlagen. 1 Päckchen Vanillezucker und 200 g Zucker einrieseln lassen und verrühren. Das Eigelb unterheben. Mehl und Backpulver vermischen, auf die Eimasse sieben und unterheben. Den Biskuitteig aufs Blech streichen und im heißen Backofen 25–30 Minuten backen. Dann herausnehmen, auf ein Tuch stürzen und auskühlen lassen.

Quark, Crème fraîche, Amaretto, 50 g Zucker und das zweite Päckchen Vanillezucker in einer großen Schüssel glatt verrühren. Die Sahne steif schlagen, Sahnefestiger dabei einrieseln lassen und anschließend unter die Quarkmasse ziehen.

Die abgekühlte Biskuitplatte in feine Stücke zupfen und gleichmäßig unter die Quarkmasse heben. Die Kokosraspel auf ein Tablett streuen. Aus der Masse mit angefeuchteten Händen 16–18 gleichmäßige Bälle formen. Die Bälle in den Kokosraspeln wenden und in die Papiermanschetten setzen (dabei evtl. 2 Manschetten ineinander legen, dann halten sie mehr aus).

Tipp: Die Schneebälle schmecken am besten gut gekühlt.

Sabine Feierle, Kißlegg

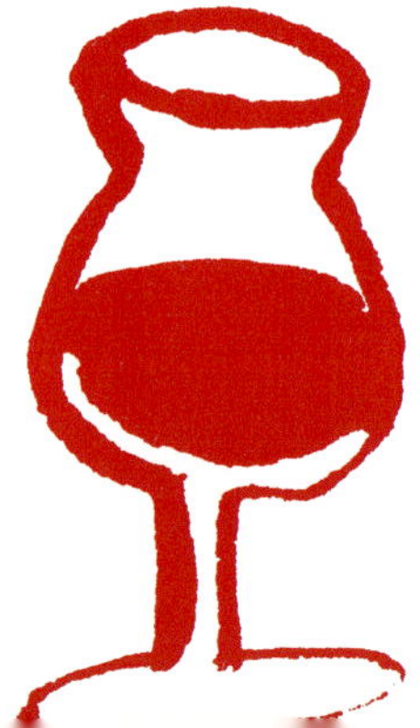

Rhabarber-Flädle-Auflauf

Den Backofen auf 100 °C vorheizen. Inzwischen aus Mehl, 2 Eiern, knapp 250 ml Milch und Salz einen Pfannkuchenteig herstellen. In der Pfanne in heißem Fett mehrere Flädle ausbacken. Die fertigen Flädle in dünne Streifen schneiden. Den Rhabarber schälen und in kleine Stücke schneiden.

In eine gefettete Auflaufform abwechselnd Flädlestreifen und Rhabarberstücke schichten, über die Rhabarberschichten immer etwas Zucker streuen, mit einer Flädleschicht beginnen und aufhören. Anschließend 2 Eier mit den restlichen 250 ml Milch verquirlen und darübergießen. Im heißen Backofen etwa 30 Minuten überbacken.

Michaela Epple, Leuterschach

Für 4–5 Personen:
Für den Teig:
250 g Mehl
4 Eier
500 ml Milch
1 Prise Salz
5–6 Stangen Rhabarber
etwas Zucker
Fett zum Ausbacken
Fett für die Form

Rote Fruchtbowle

Die Pfirsich-Maracuja-Saft-Packung einfrieren. Johannisbeersaft und Apfelsaft in eine große Schüssel geben. Himbeeren und Johannisbeeren hineingeben, die Zitronenmelisse waschen, mit dem gefrorenen Saftblock dazugeben und die Schüssel mit Mineralwasser auffüllen. Etwa 2 Stunden stehen lassen. Durch den langsam auftauenden Saft wird die Bowle erfrischend eisgekühlt.

Barbara Kutter, Dietmannsried

Für 6–8 Personen:
1 l Phrsich-Maracuja-Saft im Tetrapack
1 l Schwarzer Johannisbeersaft
1 l Apfelsaft
250 g Himbeeren
100 g Johannisbeeren
2 Zweige Zitronenmelisse
1–2 Flaschen Mineralwasser

Zwetschgenknödel

Für 2 Personen:
400 g Kartoffeln
80 g Butter
2 Eigelb
3 EL Mehl
1 Prise Salz
2 EL Grieß
6 Zwetschgen
6 Stück Würfelzucker
50 g Semmelbrösel
Zucker

Die Kartoffeln weich kochen, schälen und noch warm durch eine Kartoffelpresse drücken. 30 g Butter in einem Topf schmelzen und zur Kartoffelmasse geben. Eigelb, Mehl, Salz und Grieß dazugeben und alles zu einem festen Teig verrühren. Den Teig einige Minuten ruhen lassen, ggf. noch etwas Mehl zugeben, falls die Masse nicht gut zusammenhält.

Die Zwetschgen anschneiden, Kerne herauslösen und jeweils durch ein Stückchen Würfelzucker ersetzen. Dann etwa 1 l Wasser in einem Topf zum Kochen bringen.

Aus dem Teig zwetschgengroße Kugeln formen, flachdrücken, die Zwetschgen darin einpacken und zu Knödeln drehen. Die Knödel ins kochende Wasser legen und knapp 10 Minuten sieden lassen.

In der Zwischenzeit die restlichen 50 g Butter schmelzen, die Semmelbrösel dazugeben und mit Zucker abschmecken. Die Knödel aus dem Wasser nehmen, abtropfen lassen, in Tellern anrichten und mit den Butterbröseln bestreuen.

Tanja Koschmieder, Benningen

Ofenschlupfer

Den Backofen auf 200 °C vorheizen. Inzwischen die Semmeln in dünne Scheiben schneiden. Milch, Zucker, Vanillezucker, Puddingpulver und Eier verrühren. Die Äpfel schälen und in dünne Scheiben hobeln. Eine gefettete Auflaufform mit einer ersten Schicht Brotscheiben auslegen. Jede Lage Brotscheiben mit der Eiermilch begießen, damit sie diese aufsaugen kann. Eine Schicht Äpfel (evtl. mit Rosinen gemischt) darauf, mit etwas Zucker und Zimt bestreuen. Abwechselnd Brot und Äpfel schichten, die oberste Schicht Brot. Butterflöckchen auf die letzte Schicht geben und das Ganze im heißen Backofen bei etwa 30 Minuten backen. Den Auflauf mit Puderzucker bestreuen und heiß servieren.

Für 4 Personen:
6 altbackene Semmeln
375 ml Milch
80 g Zucker
1 Päckchen Vanillezucker
1/2 Päckchen Vanillepudding
4 Eier
500 g Äpfel
Rosinen nach Belieben
Zimt, Zucker
etwas Butter
Puderzucker
Fett für die Form

Tipp: Dazu schmeckt Vanillesauce.
Sabine Feierle, Kißlegg

Apfelkrapfen

Mehl, Eier, Wasser und eine Prise Salz zu einem Teig verrühren und diesen auf einem bemehlten Brett kneten. Die Äpfel schälen und klein schneiden, mit etwas Zitronensaft beträufeln. Rosinen waschen, in den Rum legen und kurz ziehen lassen. Äpfel und Rosinen vermischen, mit Zimt, Zucker und der Sahne abschmecken und eine Weile durchziehen lassen.

Den Nudelteig zu einem Fladen ausrollen und die Apfelmischung gleichmäßig darauf verteilen. Den Fladen zusammenrollen und in 5–6 cm lange Stücke schneiden. Diese Krapfen stehend in einer Pfanne mit heißem Butterschmalz beidseitig braten.
Petra Brutscher, Fischen

Für 4 Personen:
Für den Nudelteig:
500 g Mehl
2 Eier
125 ml Wasser
1 Prise Salz

Für die Füllung:
15 Äpfel
50 g Rosinen
1 Schuss Rum
Zimt, Zucker
125 ml Sahne
etwas Zitronensaft
Butterschmalz zum Braten

Apfelküchle mit Mandelkruste

Für 4 Personen:
3 Boskop-Äpfel
3 EL Zitronensaft

Für den Teig:
2 Eier
150 g Mehl
120 ml Milch
50 ml Mineralwasser
2 EL Öl
Mark von 1/2 Vanilleschote
1 TL abgeriebene Zitronenschale
1 Prise Salz
2 EL Zucker

100 g Mandelblättchen
Zimt, Zucker
750 ml Öl zum Frittieren

Die Äpfel schälen, das Kerngehäuse mit einem Apfelausstecher entfernen. Äpfel in dickere Scheiben schneiden und mit Zitronensaft beträufeln. Die Eier trennen. Das Eigelb mit Mehl, Milch, Mineralwasser, Öl, Vanillemark und Zitronenschale zu einem Teig verrühren. Das Eiweiß mit Salz und Zucker steif schlagen und unter den Teig heben.

Das Öl auf 160 °C erhitzen. Die Mandelblättchen auf einen Teller geben. Die Apfelscheiben nacheinander in den Teig tauchen, mit einer Seite in die Mandelblättchen drücken und portionsweise im heißen Öl goldbraun ausbacken. Herausheben und auf Küchenkrepp abtropfen lassen. Mit Zimt und Zucker bestreuen und heiß servieren.

Sylvia Mang, Memmingerberg

Apfelküchle im Backteig

Für 4 Personen:
Für den Teig:
200 g Mehl
1 Prise Salz
250 ml dunkles Bier oder Milch
2 Eier
2 TL Öl

5 Äpfel
Zucker, Zimt
Fett zum Ausbacken

Mehl, Salz und Bier bzw. Milch zu einem dickflüssigen Teig verrühren. Die Eier trennen. Eigelb und Öl unterrühren, das Eiweiß steif schlagen und zum Schluss unterheben.

Die Äpfel schälen und entkernen, dann in 1 cm dicke Ringe schneiden. Die Apfelringe einzeln im Backteig wenden und schwimmend im heißen Fett goldbraun backen. Kurz abtropfen lassen, mit einer Zucker-Zimt-Mischung bestreuen und noch heiß servieren.

Tipp: Dazu schmeckt frische Vanillesauce.

Aloisa Hohl, Leutkirch

Apfelspätzle

Aus Mehl, Eiern, Wasser und Salz einen zähflüssigen Teig bereiten. Den Teig mit dem Spätzlehobel in kochendes Salzwasser hobeln und kurz aufkochen lassen. Mit einem Schaumlöffel die fertigen Spätzle herausnehmen und mit kaltem Wasser abschrecken. Anschließend in einem Sieb abtropfen lassen.

Die Äpfel schälen, vierteln und klein schneiden. Die Stückchen im Butterschmalz in einer Pfanne anrösten, dann die Spätzle dazugeben. Alles zusammen gut vermischen und anrösten, mit Zucker abschmecken.

Monika Rabus, Memmingen

Für 4 Personen:
Für die Spätzle:
600 g Mehl
4 Eier
250 ml Wasser
1 Prise Salz

6–8 Äpfel
Zucker
Butterschmalz zum Braten

Apfeltaschen

Den Backofen auf 180–200 °C vorheizen. Inzwischen die Äpfel schälen, entkernen und grob raspeln. Mit Zucker, Vanillezucker und Zitronensaft vermischen, mit Zimt abschmecken.

Für den Teig Butter, Mehl, Backpulver und Milch verkneten und dünn ausrollen. Mit einem Glas oder einer kleinen Schüssel Kreise (etwa 12 cm Durchmesser) ausstechen. Den Rand mit ein wenig Sahne bestreichen und auf jeden Teigfladen 1 Esslöffel Apfelmasse geben. Die Fladen halbkreisförmig zusammenklappen und den Rand festdrücken, nochmals mit Sahne bestreichen.

Im heißen Backofen auf mittlerer Schiene etwa 20 Minuten goldgelb backen. Die noch lauwarmen Taschen mit Puderzucker bestreuen.

Tipp: Dazu Vanillesauce servieren.

Karin Eller, Oberstaufen

Für 4 Personen:
Für die Füllung:
400 g Äpfel
100 g Zucker
1 Päckchen Vanillezucker
1 EL Zitronensaft
Zimt

Für den Teig:
125 g Butter
250 g Weizenmehl (Type 405 und 1050 gemischt)
1/2 Päckchen Backpulver
etwas Milch

etwas Sahne
Puderzucker

Apfel-Rahmstrudel

Für 8–10 Personen:
Für den Teig:
150 g Mehl
1 Prise Salz
3 EL Öl
5 EL lauwarmes Wasser
1/2 EL Essig

Für die Füllung:
1 kg Äpfel
150 g Zucker
1 Päckchen Vanillezucker
1 Prise Zimt
150 g Rosinen
100 g Butter
1 Becher saure Sahne

etwas Milch oder Sahne
Puderzucker
Fett für die Form

Mehl, Salz, Öl, Wasser und Essig verkneten und den Teig kräftig durchwalken, bis er glatt und glänzend ist. Den Teig zu einer Kugel formen und mit etwas Öl bestreichen. Mit einer vorgewärmten Schüssel zudecken und 20 Minuten ruhen lassen.

Inzwischen den Backofen auf 200–220 °C vorheizen. Die Äpfel mit Schale grob raspeln und mit Zucker, Vanillezucker, Zimt und Rosinen vermischen.

Den fertigen Teig auf einem bemehlten Tuch hauchdünn ausrollen und ausziehen. Butterflöckchen und saure Sahne darauf verteilen. Die Apfelmasse darübergeben und zusammenrollen. Die Rolle mit Hilfe des Tuchs in eine gefettete Auflaufform geben und im heißen Backofen 1 Stunde backen. Zwischendurch immer wieder löffelweise mit Milch oder Sahne bestreichen. Den fertigen Strudel mit Puderzucker bestreuen. Er kann heiß oder kalt serviert werden.

Tipp: Vanillesauce oder Vanilleeis und Sahne dazu reichen.
Sabine Feierle, Kißlegg

Apfelmus

Für 4 Personen:
1 kg Äpfel (Fallobst)
etwas Wasser
etwas Zitronensaft
Zimt, Zucker

Die Äpfel entkernen, ungeschält mit wenig Wasser weich kochen. Die weiche Apfelmasse durch ein Sieb streichen und das Mus anschließend je nach Geschmack mit Zitronensaft, Zucker und ein wenig Zimt abschmecken. Dann das Mus erkalten lassen.

Tipp: Das Mus schmeckt sehr gut zu den Grießschnitten (s. S. 90).
Franziska Diebolder, Lachen

Holundermus

Die Holunderbeeren ohne Staudenansatz in einer Pfanne mit wenig Wasser und 1 Prise Salz ziehen lassen, bis die Beeren weich sind.

Aus Butter und Mehl eine Mehlschwitze herstellen, mit der Milch ablöschen. Zu den Beeren geben und alles unter dauerndem Rühren aufkochen lassen. Den Honig dazugeben, je nach Geschmack noch mit Zucker süßen. Das Butterschmalz zerlassen und das Mus damit übergießen (abschmälzen), dann abkühlen lassen.

Doris Bertele, Sulzberg

Für 4 Personen:
500 g Holunderbeeren
1 Prise Salz
50 g Butter
1 EL Mehl
125 ml Milch
1 EL Honig
Zucker nach Geschmack
1 EL Butterschmalz

Holunderküchle

Die Holunderblütendolden waschen, indem man sie mehrmals in kaltes Wasser taucht. Anschließend auf Küchenkrepp abtropfen und wieder komplett trocken werden lassen. Inzwischen Mehl, Zucker und Salz in einer Schüssel vermischen und mit dem Wein zu einem glatten Teig rühren. Mindestens 1 Stunde zugedeckt im Kühlschrank ruhen lassen. Die Eier verquirlen und mit dem Rum nach und nach unter den Teig rühren. Er sollte nicht zu dick sein, ggf. noch etwas Wein dazugeben.

Fett in einem Topf auf 180 °C erhitzen, nicht heißer werden lassen. Die Holunderblütendolden so zuschneiden, dass sie noch einen Stiel haben. Die Dolden am Stiel festhalten und jeweils einzeln in den Teig tauchen, etwas drehen und wenden, damit sie ihn gut aufnehmen. Dann ins heiße Fett heben und knusprig und goldbraun backen.

Fertige Küchle auf Küchenkrepp legen, solange die anderen noch gebacken werden. Zum Schluss die Stiele abschneiden, die Küchle mit Puderzucker bestäuben und warm servieren.

Tanja Koschmieder, Benningen

Für 2–3 Personen:
10 Holunderblütendolden
125 g Mehl
1 EL Zucker
1 Prise Salz
150 ml Weißwein
3 Eier
1 EL Rum
Puderzucker
Fett zum Ausbacken

Grießschnitten

Für 4 Personen:
1 l Milch
1 Prise Salz
1 Stück Zitronenschale, unbehandelt
300 g Grieß
30 g Zucker
3 Eier
etwas Semmelbrösel
Zimt, Zucker
Butterschmalz zum Ausbacken

Milch, Salz und ein Stück Zitronenschale aufkochen. Den Grieß in die kochende Milch einrühren und kurz kochen. Solange alles noch heiß ist, Zucker und Eier unterrühren, die Zitronenschale entfernen und die Grießmasse anschließend sofort in eine kalt ausgespülte Kastenform drücken.

Wenn die Grießmasse abgekühlt ist, die Kastenform stürzen und die Masse in 1 cm starke Scheiben schneiden. Diese in den Semmelbröseln wenden und in einer Pfanne in heißem Butterschmalz auf beiden Seiten goldgelb backen. Die fertigen Schnitten auf einer Platte anrichten und mit einer Zimt-Zucker-Mischung bestreuen. Heiß servieren.

Tipp: Die Grießmasse etwa 3 Stunden vor der Fertigstellung zubereiten, da sie länger abkühlen muss. Dazu reicht man Apfelmus (s. S. 88).
Franziska Diebolder, Lachen

Allgäuer Grießspeise

Für 4–6 Personen:
500 ml Milch
1 Päckchen Vanillezucker
80–100 g Zucker
80 g Weichweizengrieß
2 Becher Naturjoghurt
500 g Kirschen oder Beeren nach Saison
etwas Stärkemehl
1 Schuss Rum

Die Milch mit Zucker und Vanillezucker in einem Topf zum Kochen bringen, den Grieß einstreuen und unter Rühren 5–10 Minuten dick kochen, dann erkalten lassen. Die kalte Grießmasse mit Joghurt verrühren und portionsweise in Schälchen füllen.
Die Früchte in etwas Wasser aufkochen und mit ein wenig Stärkemehl eindicken, dann erkalten lassen. Rum dazugeben und auf der Grießmasse in den Schälchen verteilen.

Tipp: Die Früchte können auch einfach frisch und gezuckert auf die Grießmasse gegeben werden.
Luzia Pfefferle, Markt Rettenbach

Quarkspeise mit Baiserstückchen

Für 3–4 Personen:
2 Becher Sahne
1 kg Magerquark
etwas Zitronensaft
Zucker
300 g Himbeeren, tiefgekühlt
5 kleine Baisers

Die Sahne steif schlagen, den Quark je nach Geschmack mit einem Spritzer Zitronensaft und etwas Zucker verrühren, dann mit der Sahne mischen. Die fertige Masse in eine Schüssel geben. Etwa 30 Minuten vor dem Servieren die tiefgekühlten Himbeeren darüberstreuen.

Die Baisers zerbröseln (nicht zu klein) und auf den Himbeeren verteilen.

Yasmine Irmer, Oy-Mittelberg

Weißbier-Tiramisu

Für 4 Personen:
50 g Vollei
40 g Zucker
200 g Mascarpone
200 g Sahne
3 Blatt Gelatine
12 Stück Löffelbiskuit
160 ml Weißbier
1 EL Zimt

Ei und Zucker schaumig rühren. Die Sahne schlagen und zusammen mit der Mascarpone unterheben. Die Gelatine in etwas Weißbier auflösen und unter die Masse rühren. Die Hälfte der Löffelbiskuits in eine flache Form dicht nebeneinander legen, mit der Hälfte des Weißbiers tränken. Einen Teil der Mascarponemasse darüberstreichen. Dann die restlichen Löffelbiskuits darüberschichten, mit dem Rest Weißbier beträufeln und die übrige Mascarponemasse darüberstreichen. Kalt stellen. Mit Zimt bestäuben und servieren.

Karin Denlöffel, Erkheim

Zitronencreme

Für 2 Personen:
4 Blatt weiße Gelatine
2 El Wasser
4 Eier
150 g Zucker
6 EL Zitronensaft
etwas geriebene Zitronenschale
Zimt

Die Gelatine im Wasser auflösen. Die Eier trennen. Das Eiweiß steif schlagen. Eigelb mit Zucker schaumig rühren, Zitronensaft und -schale dazugeben. Die aufgelöste Gelatine einrühren und den Eischnee darunterheben. Dann die Masse so lange rühren, bis sie anfängt, sich zu verdicken. Je nach Geschmack mit Zimt würzen.

Tipp: Die Creme eignet sich gut als Krankenkost, denn sie ist leicht, vitaminreich und nahrhaft.
Gisela Meichelböck, Krailling

Joghurtmousse

Für 4 Personen:
500 g Naturjoghurt
Saft von 1/2 Zitrone
100 g Zucker
500 ml Sahne
9 Blatt Gelatine
300 g Himbeeren, tiefgekühlt oder frisch
2 Päckchen roter Tortenguss

Joghurt, Zitronensaft und Zucker gut verrühren. Die Gelatine nach Packungsanweisung einweichen und auflösen, dann in die Joghurtmasse einrühren. Die Sahne steif schlagen und vorsichtig unterheben. Mousse in eine große Glasschüssel füllen und mit den Himbeeren belegen. Den Tortenguss nach Packungsanweisung zubereiten und darübergießen, dann die Mousse kalt stellen.
Siglinde Kögel, Weitnau

Schokomousse

Für 4 Personen:
3 Tafeln Vollmilchschokolade
10 Eiweiß
500 ml Sahne

Die Schokolade in Stücke brechen und im heißen Wasserbad schmelzen. Das Eiweiß steif schlagen, die Sahne ebenfalls. Die Schokolade ein wenig abkühlen lassen und noch flüssig unter das Eiweiß ziehen. Anschließend die Sahne unter die Masse heben. Danach die Mousse für ein paar Stunden in den Kühlschrank stellen.

Tipp: Die Mousse ist auch mit weißer Schokolade zubereitet sehr lecker.
Judith Mayer, Böhen

Versoffene Jungfer

Für 4 Personen:
150 g Zucker
3 Eier
150 g Mehl
3 EL heißes Wasser
2 TL Backpulver
1/2 Päckchen Vanillezucker
250 ml Rotwein
Fett zum Ausbacken

Zucker und Eier schaumig rühren, dazu abwechselnd Mehl, Wasser und die übrigen Zutaten hinzugeben und alles möglichst schnell zusammenrühren. Mit einem Löffel kleine Nocken abstechen und in heißes Fett legen, schwimmend ausbacken. Die fertigen Nocken herausheben, abtropfen lassen und in eine Schüssel geben. Den Wein erhitzen und über die Nocken gießen, anschließend servieren.

Tipp: Statt Wein eignet sich auch Most, für Kinder kann man Saft verwenden.
Angelika Mösle, Kißlegg-Waltershofen

Gebäck

Faschingskrapfen

500 g Mehl
40 g Hefe
250 ml Milch
2 Eier
40 g Butter
50 g Zucker
1 TL Salz
etwas Zitronenschale
1 Päckchen Vanillezucker
Fett zum Ausbacken
Marmelade zum Füllen
Puderzucker zum Bestäuben

Das Mehl in eine Schüssel sieben. Die Milch erwärmen und in eine Schüssel geben. Die Hefe mit etwas Zucker in der lauwarmen Milch auflösen. Die Eier trennen. Das Eigelb mit Butter, Zucker, Salz, Zitronenschale und Vanillezucker schaumig rühren. Das Eiweiß steif schlagen und unterheben. Diese Eimasse sowie Hefe und Milch zum Mehl geben und alles gut verkneten. Etwa 30 Minuten gehen lassen.

Den Teig anschließend 2,5 cm dick ausrollen und mit einer Tasse oder einem Glas Krapfen ausstechen, diese nochmals zugedeckt etwa 20 Minuten gehen lassen. Anschließend die Krapfen mit der Oberseite nach unten ins nicht zu heiße Fett geben und kurz zudecken, dann umdrehen und offen weiterbacken. Herausnehmen und abtropfen lassen. Die Krapfen mit Marmelade füllen und mit Puderzucker bestäuben.

Waltraud Küchle, Memmingen

Gwalete Küchle

500 g Mehl
1 EL Zucker
2 Prisen Salz
250 ml saure Sahne
Zimt, Zucker
Fett zum Ausbacken

Aus Mehl, Zucker, Salz und saurer Sahne einen Teig kneten. Den Teig anschließend nicht zu dünn zu mehreren Fladen ausrollen (»auswalen«). Mit einem Teigrädchen rechteckige Küchle ausschneiden. Diese in heißem Fett schwimmend ausbacken. Die fertigen Küchle mit Zimt und Zucker bestreuen.

Angelika Mösle, Kißlegg-Waltershofen

Gezogene Küchle

1 l Milch
2 Würfel Hefe
2 kg Mehl
3 Eier
4 TL Salz
2 Becher Sahne
Fett zum Ausbacken
Puderzucker zum Bestäuben

Die Milch leicht erwärmen. Einen kleinen Teil davon in eine Schüssel gießen, die Hefe darin auflösen und zum Mehl geben. Ebenso die verquirlten Eier. Die Sahne, das Salz und die restliche Milch dazugeben und alles gut verkneten, bis der Teig Blasen wirft. Anschließend den Teig etwa 30 Minuten gehen lassen. Dann nochmals durchkneten und wieder etwa 30 Minuten gehen lassen.

Danach große, eiförmige Stücke abstechen, auf ein bemehltes Brett setzen und diese nochmals etwa 30 Minuten zugedeckt gehen lassen. Anschließend die Teigstücke unter ständigem Drehen von der Mitte her nach außen ausziehen, sodass sich außen ein starker, fingerdicker Rand bildet, das kreisrunde Innere jedoch papierdünn wird.

Die Küchle anschließend sofort im Fett schwimmend von beiden Seiten herausbacken, bis sie außen goldbraun und in der Mitte goldgelb sind. Mit Puderzucker bestäuben und servieren.

Waltraud Küchle, Memmingen

Hasenohren

150–200 ml Milch
1 EL Butterschmalz
450 g Mehl
1 TL Backpulver
1 Ei
1 Prise Salz
Zimt, Zucker
Fett zum Ausbacken

Die Milch leicht erwärmen und in eine Schüssel gießen, das Butterschmalz zerlassen und dazugeben. Beides mit Mehl, Backpulver, Ei und Salz zu einem festen Teig verkneten. Diesen lässt man 1 Stunde zugedeckt ruhen.

Anschließend den Teig auf einem bemehlten Brett messerrückendick ausrollen. Nun mit dem Teigrädchen Dreiecke oder Rauten ausschneiden, die in heißem Fett schwimmend goldgelb gebacken werden. Noch heiß mit einer Zucker-Zimt-Mischung bestreuen.

Tipp: Dazu schmeckt hervorragend heißes Holunder-Zwetschgen-Kompott (s. S. 116).
Maria Günther, Wiggensbach

Rumkugeln

700 g halbbittere Schokolade
250 ml Sahne
8 cl Rum
(4 Schnapsgläschen)
200 g Walnüsse, gehackt
Schoko- oder Kokosstreusel

Die Schokolade klein schneiden. Die Sahne erwärmen, die Schokoladenstückchen hineingeben und gut verrühren, bis sich alles aufgelöst hat. Unter die erkaltete aber noch nicht steife Masse Rum und Walnüsse rühren. Dann die Masse steif werden lassen und daraus kleine Kugeln formen. In Schoko- oder Kokosstreuseln rollen, antrocknen lassen.
Maria Diebolder, Lachen

Alpenländische Lebkuchen

Für den Teig:
250 g Honig
125 g Farinzucker
375 g Weizenmehl
1 Päckchen Backpulver
100 g Orangeat
100 g Zitronat
etwas Zitronenschale, gerieben
1 EL Zimt
1 TL Nelken, gemahlen
100 g Haselnüsse, gemahlen
125 ml Milch
1 Ei

1 Päckchen helle Kuchenglasur
Mandelsplitter, Walnüsse oder abgezogene Mandeln zum Verzieren
Fett fürs Blech

Den Backofen auf 200 °C vorheizen. Inzwischen den Honig erhitzen und den Zucker darin auflösen. Mehl, Backpulver, Orangeat, Zitronat, Zitronenschale, Gewürze und Nüsse mischen. Milch und Ei unterrühren, die Honigmasse dazugeben. Den Teig auf ein gefettetes Backblech streichen und 20–30 Minuten backen. Anschließend den noch warmen Lebkuchen in gleich große Stücke schneiden. Die Glasur schmelzen und die Stücke damit überziehen, nach Belieben mit Nüssen verzieren.

Hilde Eckel, Buch-Christertshofen

Bienenstich mit Honig

Für den Teig das Mehl in eine Schüssel sieben, in der Mitte eine Mulde formen und die Hefe hineinbröckeln. Den Honig dazugeben und alles mit etwas Milch zu einem Vorteig verrühren. Die Schüssel zudecken und den Teig 15 Minuten ruhen lassen. Die geriebene Zitronenschale mit Ei und Margarine zum Vorteig geben. Den Teig so lange kneten, bis er schön locker ist, Blasen wirft und sich vom Schüsselboden löst. Dann den Teig zugedeckt 30 Minuten ruhen lassen. Anschließend auf einer Arbeitsplatte durchkneten und auf einem gefetteten und bemehlten Backblech ausrollen. Nochmals 30 Minuten ruhen lassen. Den Backofen auf 175 °C vorheizen.

Inzwischen für den Belag Butter, Mandelblättchen und Milch in einem Topf unter Rühren zum Kochen bringen. Etwa 5 Minuten köcheln lassen und dabei mehrmals umrühren. Die Masse anschließend etwas abkühlen lassen, dann den Honig unterrühren. Den Belag gleichmäßig auf dem Teig verteilen und im heißen Backofen 30–35 Minuten backen. Anschließend abkühlen lassen.

Für die Cremefüllung die Sahne steif schlagen und das Paradiescremepulver unterrühren. Den Kuchen horizontal durchschneiden, sodass die obere Hälfte mit dem Mandelblättchenbelag von der Bodenhälfte abgetrennt wird. Die Creme auf der unteren Hälfte verstreichen. Die obere Kuchenhälfte auf die Creme legen und leicht andrücken. Den fertigen Bienenstich in gleich große Schnitten teilen.

Monika Zwerger, Obergünzburg-Willofs

Für den Teig:
600 g Mehl
42 g Hefe
1/4 TL Blütenhonig
200 ml Milch
Schale von 1 Bio-Zitrone
1 Ei
160 g Margarine

Für den Belag:
150 g Butter
200 g Mandelblättchen
1 EL Milch
150 g Blütenhonig

Für die Füllung:
750 g Schlagsahne
1 1/2 Päckchen Paradiescremepulver

Fett fürs Blech

Joghurt-Müsli-Torte

Für den Boden:
200 g Nutella
12 Scheiben Zwieback
1/2 Fläschchen Bittermandelaroma

Für den Belag:
750–1000 g Naturjoghurt
100 g Zucker
etwas geriebene Zitronenschale
8–12 Blatt weiße Gelatine
1 Dose Mandarinen
100 g Müsli
1 Becher Sahne

1 Päckchen Tortenguss
250 ml Multivitaminsaft

Für den Boden das Nutella im Wasserbad erwärmen. Den Zwieback in eine Tüte geben und durch Daraufklopfen zerkrümeln. Die Krümel mit Nutella und dem Bittermandelaroma mischen. Einen Springformrand ohne Boden auf eine Tortenplatte setzen, die Masse hineinfüllen und auf der Platte festdrücken.

Für den Belag Joghurt mit Zucker und Zitronenschale verrühren. Die Gelatine nach Packungsanweisung einweichen, ausdrücken, erwärmen und zur Joghurtmasse geben. Die Mandarinen abgießen, zerkleinern und ohne Saft dazugeben. Das Müsli untermischen. Die Sahne steif schlagen, darunterheben und die Masse auf den Krümelboden geben.

Wenn alles fest ist, aus dem Tortenguss und dem Multivitaminsaft einen Guss kochen und darauf verteilen, abkühlen lassen.

Tipp: Statt nur Joghurt zu verwenden, kann man ein Viertel davon auch durch Quark ersetzen.

Sabine Feierle, Kißlegg

Joghurtschnitten mit Kirschen

Den Backofen auf 180 °C vorheizen. Inzwischen die Eier trennen. Eischnee mit Salz steif schlagen, Eigelb, Zucker und Vanillezucker schaumig rühren. Joghurt, Öl, Mehl und Backpulver unterrühren und den Eischnee unterheben. Den Teig auf ein gefettetes Backblech streichen. Die Kirschen darauf verteilen und die Mandelblättchen darüberstreuen. Im heißen Backofen etwa 20 Minuten backen. Anschließend abkühlen lassen und den Kuchen in ungefähr 24 gleich große Schnitten teilen.

Hildegard Krohmer, Altusried

3 Eier
1 Prise Salz
150 g Zucker
1 Vanillezucker
180 g Joghurt
125 ml Öl
250 g Mehl
1 Päckchen Backpulver
40 g Mandelblättchen
250 g Kirschen
Fett fürs Blech

Sauerkirsch-Schmand-Kuchen

Für den Mürbteig Butter, Zucker, Mehl, Backpulver und Ei verkneten, kurz kühl stellen. Dann eine gefettete Springform mit dem Teig auslegen, dabei auch einen Rand hochziehen. Den Backofen auf 170 °C vorheizen.

Für die Füllung aus Milch, Zucker und dem Puddingpulver nach Packungsanweisung einen dicken Pudding kochen, etwas abkühlen lassen und dann den Schmand unterheben. Die Masse in die Springform füllen und den Kuchen im heißen Backofen etwa 1 Stunde backen. Anschließend die Sauerkirschen abtropfen lassen und auf den noch warmen Kuchen geben.

Mit ein wenig Kirschsaft nach Packungsanweisung den Tortenguss kochen und über die Kirschen gießen. Anschließend abkühlen lassen.

Cilli Knappich, Halblech

Für den Mürbteig:
125 g Butter
125 g Zucker
250 g Mehl
1 TL Backpulver
1 Ei

Für die Füllung:
375 ml Milch
2 EL Zucker
1 Päckchen Vanillepuddingpulver
2 Becher Schmand
1 Glas Schattenmorellen

etwas Kirschsaft
1 Päckchen roter Tortenguss
Fett für die Form

Schoko-Kirsch-Kuchen

100 g Schokolade
4 Eier
180 g Zucker
180 g Butter
125 g Mehl
125 g Nüsse, gerieben
1 TL Zimt
1 TL Backpulver
250 g Kirschen
Puderzucker
Fett für die Form

Den Backofen auf 175 °C vorheizen. Inzwischen die Schokolade raspeln. Die Eier mit Zucker und Butter schaumig rühren, dann Mehl, Nüsse, Schokoladenraspel, Zimt und Backpulver unterheben.

Den Teig in eine gefettete Springform füllen und mit den Kirschen belegen. Im heißen Backofen etwa 45–50 Minuten backen. Den Kuchen auskühlen lassen und mit Puderzucker bestreuen.

Marita Schnalzger, Blaichach

Allgäuer Kirschkuchen

Für den Mürbteig:
250 g Mehl
1 Prise Salz
70 g Zucker
1 Päckchen Vanillezucker
140 g Butter
1 Ei

Für die Füllung:
1 Päckchen Vanillepuddingpulver
500 ml Milch
1 Glas Sauerkirschen
etwas Stärkemehl
Zucker

Für den Guss:
50 g Butter
50 g Zucker
25 g Honig
50 g Sahne

1 Biskuitboden
Mandelblättchen
Fett für die Form

Für den Mürbteig Mehl, Salz, Zucker, Vanillezucker, Butter und Ei verkneten. Ausrollen und eine gefettete Springform mit dem Teig auslegen (mit Rand). Den fertigen Biskuitboden darauflegen. Den Backofen auf 180 °C vorheizen.

Inzwischen das Puddingpulver nach Packungsanweisung mit Milch und Zucker zubereiten, anschließend beiseite stellen. Die Sauerkirschen abgießen und den Saft in einem Topf auffangen. Mit Stärkemehl und Zucker eindicken, dann die Sauerkirschen dazugeben und alles auf dem Biskuitboden verteilen. Auf die Kirschen eine etwa 1 cm dicke Schicht Vanillepudding streichen.

Für den Guss Butter, Zucker, Honig und Sahne verrühren und kochen, bis die Masse dicklich wird. Den Guss vorsichtig auf der Vanillepuddingschicht verteilen. Zum Schluss die Mandelblättchen darüberstreuen und den Kuchen etwa 45 Minuten backen.

Hildegard Dorn, Altusried

Johannisbeer-Nuss-Kuchen

Für den Mürbteig:
250 g Mehl
1 TL Backpulver
1 Ei
50 g Zucker
1 Päckchen Vanillezucker
125 g Butter

Für die Füllung:
3 Eier
125 g Zucker
300 g Johannisbeeren
100 g Haselnüsse oder Mandeln, gemahlen

Für den Mürbteig Mehl, Backpulver, Ei, Zucker, Vanillezucker und weiche Butter verkneten und 30 Minuten kalt stellen. Anschließend ausrollen und den Boden einer gefetteten Springform damit belegen. Den Backofen auf 160 °C vorheizen.

Inzwischen für die Füllung die Eier mit dem Zucker schaumig rühren, Johannisbeeren und gemahlene Nüsse unterheben. Auf den Kuchenboden geben und im heißen Backofen etwa 1 Stunde backen.

Tipp: Zu einem Stück des frischen, ausgekühlten Kuchens schmeckt 1 Kugel Vanilleeis hervorragend. Statt mit Johannisbeeren kann man ihn auch mit Rhabarber, Stachelbeeren oder Kirschen backen.
Maria Diebolder, Lachen

Schneller Apfelkuchen

250 g Butter
5 Eier
200 g Zucker
1 Päckchen Vanillezucker
350 g Mehl
1 Päckchen Backpulver
8 Tropfen Rumaroma
100 g Schokostreusel
1 kg Äpfel
Fett fürs Blech

Den Backofen auf 200 °C vorheizen. Inzwischen die Butter schaumig rühren, Eier, Zucker und Vanillezucker dazugeben und gut verrühren. Mehl mit Backpulver vermengen, zusammen mit dem Rumaroma und den Schokostreuseln zum Teig geben und verrühren.

Die Äpfel waschen, entkernen und in feine Scheiben schneiden. Unter den Teig heben. Den Teig auf ein gefettetes Backblech streichen und auf der mittleren Schiene im heißen Backofen 30 Minuten backen.
Cordula Hutschneider, Amtzell

Gedeckter Apfelkuchen

Für den Teig:
300 g Mehl
100 g Zucker
150 g Butter
1 Ei
1 Prise Salz

Für die Füllung:
750 g Äpfel
etwas Zitronensaft
100 g Zucker
etwas Zimt
100 g Haselnüsse, gemahlen

Puderzucker
Fett für die Form

Für den Teig Mehl, Zucker, weiche Butter, Ei und Salz verkneten, anschließend kurz im Kühlschrank ruhen lassen.

Den Backofen auf 200 °C vorheizen. Inzwischen für die Füllung die Äpfel schälen, in kleine Stücke schneiden und mit Zitronensaft beträufeln. Mit Zucker, Zimt und Haselnüssen in einer Schüssel mischen.

Einen Teil des Teigs als Deckel ausrollen, den restlichen Teig in eine runde, gefettete Form drücken und den Rand hochziehen. Die Apfelmischung einfüllen und den Teigdeckel darauflegen, vorsichtig festdrücken. Im heißen Backofen etwa 40 Minuten backen. Anschließend in der Form erkalten lassen und mit Puderzucker bestäuben.

Barbara Diebolder, Lachen

Apfelbrot

750 g Äpfel
200 g Zucker
200 g Sultaninen
150 g Haselnüsse (50 g ganz, 100 g gemahlen)
1 EL Kakao
4 EL Rum
1 EL Zimt
1/2 EL Anis
1 Prise Salz
1 Msp. Nelken
500 g Mehl
1/2 Päckchen Backpulver
Fett für die Form
Semmelbrösel für die Form

Die Äpfel grob raspeln, mit dem Zucker vermengen und einige Stunden ziehen lassen.

Den Backofen auf 200 °C vorheizen. Kakao, Rum, Sultaninen, Haselnüsse und Gewürze zu der Apfelmasse geben und verrühren. Mehl und Backpulver unterrühren, bis der Teig schwer vom Löffel fällt. In eine gefettete, mit Semmelbröseln bestreute Kastenform füllen und im Backofen etwa 1 Stunde backen.

Maria Diebolder, Lachen

Apfel-Milchreis-Torte

Den Backofen auf 200 °C vorheizen. Für den Teig die Kuvertüre im heißen Wasserbad schmelzen und mit Butter, Zucker, Vanillezucker, Eiern, Mehl, Stärkemehl und Backpulver verrühren. Den Teig in eine gefettete Springform füllen und im heißen Backofen 15–20 Minuten backen. Anschließend abkühlen lassen.

Die Äpfel vierteln und kurz dünsten. Milch mit Salz, Zucker und Zitronenschale aufkochen und den Milchreis einrühren. Unter Rühren kurz aufkochen lassen, dann bei schwacher Hitze 30–40 Minuten ausquellen lassen, je nach Korngröße.

Die Gelatine nach Packungsanweisung einweichen und in den fertigen, noch warmen Milchreis rühren. Anschließend die Reismasse erkalten lassen. Danach Sahne und Zimt mischen und darunterziehen.

Den abgekühlten Tortenboden horizontal in zwei Hälften teilen, eine für den Boden, eine für den Deckel. Auf dem Boden die Hälfte der Milchreismasse verteilen, darauf die Apfelstücke legen. Den Rest der Reismasse darauf verteilen, dann den Teigdeckel daraufsetzen. Nach Belieben verzieren.

Roswitha Baumann-Schuler, Kißlegg

Für den Teig:
75 g Kuvertüre
250 g Butter
125 g Zucker
1 Päckchen Vanillezucker
5 Eier
175 g Mehl
25 g Stärkemehl
2 gestrichene TL Backpulver

Für die Füllung:
3 Äpfel
500 ml Milch
1 Prise Salz
50 g Zucker
1 TL geriebene Zitronenschale
75 g Milchreis
3 Blatt Gelatine
500 g Sahne
1 Msp. Zimt

Fett für die Form

Tiroler Kuchen

6 Eier
200 g Butter
250 g Zucker
1 Prise Salz
etwas Zitronenschale, gerieben
1 TL Zimt
200 g Mandeln, gemahlen
125 g Mehl
1 Prise Backpulver
100 g Vollmilchschokolade
100 g Zartbitterschokolade
Fett für die Form

Den Backofen auf 175 °C vorheizen. Inzwischen die Eier trennen. Eigelb mit Butter, Zucker, Salz, Zitronenschale, Zimt, Mandeln, Mehl und Backpulver verrühren. Das Eiweiß steif schlagen, die Schokolade in kleine Stücke schneiden und beides unterheben. In eine gefettete Kastenform füllen und im heißen Backofen etwa 1 Stunde backen.

Lucia Menhild, Lachen

Quarkkuchen

Für den Teig:
1 kg Quark
300 g Zucker
1 Päckchen Vanillezucker
125 g Butter
4 Eier
Saft und Schale von 1 Zitrone
1/2 Päckchen Vanillepuddingpulver
3 EL Grieß

Fett für die Form

Den Backofen auf 180 °C vorheizen. Inzwischen alle Teigzutaten miteinander verrühren und in eine gefettete Springform füllen. Etwa 1 Stunde im heißen Backofen backen.

Cilli Knappich, Halblech

Buttermilchkuchen

Den Backofen auf 200 °C vorheizen. Inzwischen für den Teig Eier, Zucker, Vanillezucker, Mehl, Backpulver und Buttermilch in einer Schüssel verrühren und auf ein gefettetes Backblech streichen. Mit den Kokosflocken und 1/2 Tasse Zucker bestreuen.

Im heißen Backofen 20–25 Minuten backen. Wenn der Kuchen fertig ist, die Butter zusammen mit der Sahne in einem Topf erhitzen und über den noch heißen Kuchen gießen. Dann abkühlen lassen.

Sabine Feierle, Kißlegg

Für den Teig:
3 Eier
2 Tassen Zucker
4 Tassen Mehl
2 Tassen Buttermilch
1 Päckchen Vanillezucker
1 Päckchen Backpulver

2 Tassen Kokosflocken
1/2 Tasse Zucker
150 g Butter
1 Becher Sahne
Fett fürs Blech

Mohn-Quark-Kuchen

Für den Teig Mehl, Backpulver, Zucker, Vanillezucker, Salz, Eier und weiche Butter verkneten und anschließend 30 Minuten kalt stellen. Den Backofen auf 175 °C vorheizen.

Inzwischen die beiden Beläge zubereiten: Die Butter für den Quarkbelag schmelzen und in einer Schüssel mit Quark, Zucker, Zitronenschale, Eiern, Vanillepuddingpulver glatt rühren. Die Zutaten für den Mohnbelag in einer extra Schüssel ebenfalls glatt rühren.

2/3 des Mürbteigs auf einem gefetteten Backblech ausrollen, den Quarkbelag daraufstreichen und dann die Mohnmasse darüber geben. Den restlichen Teig ausrollen und mit einem Teigrädchen in Streifen rädeln, die Streifen als Gittermuster auf den Mohnbelag legen. 1 Eigelb und 1 Esslöffel Milch verrühren und die Teigstreifen damit bepinseln. Den Kuchen im heißen Backofen 40–45 Minuten backen.

Tipp: Der Kuchen schmeckt am besten, wenn er 1–2 Tage durchgezogen hat.

Ute Keppeler, Blöcktach

Für den Mürbteig:
400 g Mehl
1 TL Backpulver
100 g Zucker
1 Prise Salz
1 Päckchen Vanillezucker
2 Eier
200 g Butter

Für den Quarkbelag:
750 g Magerquark
200 g Zucker
etwas abgeriebene Zitronenschale
2 Eier
1 Päckchen Vanillepuddingpulver
100 g Butter

Für den Mohnbelag:
2 Päckchen Mohn-Back
3 Eier

1 Eigelb
1 EL Milch
Fett fürs Blech

Eissplittertorte

6 Becher Sahne
1–2 Päckchen Vanillezucker
5 Baisers
1 Päckchen Schokoraspel

Die Sahne mit dem Vanillezucker steif schlagen, die Baisers zerbröseln und untermischen. Die Hälfte der Schokoraspel untermischen, den Rest zum Verzieren aufbewahren. Alles in eine Springform füllen, die restlichen Schokoraspel darüberstreuen und über Nacht in die Gefriertruhe geben. Kalt servieren.
Claudia Schall, Haag

Quarknapfkuchen

Für den Teig:
150 g Butter
200 g Zucker
1 Päckchen Vanillezucker
2 Eier
1 Prise Salz
250 g Quark
65 g Mandeln, gerieben
4–5 Tropfen Bittermandelöl
300 g Mehl
1 Päckchen Backpulver
2–3 EL Milch
etwas Schokostreusel

Fett für die Form

Den Backofen auf 175 °C vorheizen. Alle Teigzutaten in einer Schüssel miteinander verrühren und in eine gefettete Napfkuchenform füllen, 45–50 Minuten backen.
Sabine Feierle, Kißlegg

Schneemoussetorte mit Rhabarber

Für den Teig weiche Butter, Zucker, Salz und Vanillezucker cremig rühren. Das Eigelb dazugeben und verrühren. Mehl, Backpulver und Milch unterrühren. Die Hälfte des Teiges in eine gefettete Springform (26 cm Durchmesser) füllen. Den Backofen auf 175 °C vorheizen.

Inzwischen für den Belag das Eiweiß steif schlagen, den Zucker einrieseln lassen, bis er sich aufgelöst hat.

Die Hälfte der Eiweißmasse auf den Teig streichen, 2 Esslöffel Mandelblättchen darauf verteilen. Im heißen Backofen 25–30 Minuten backen. Mit der anderen Teighälfte und dem Rest des Eischnees genauso verfahren. Beide Teigböden gut auskühlen lassen.

Inzwischen den Rhabarber putzen und in kleine Stücke schneiden. In etwa 100 ml Wasser mit 4–5 Esslöffeln Zucker 5 Minuten kochen. Puddingpulver mit 5 Esslöffeln Wasser glatt rühren und in die Rhabarbermasse einrühren. Abkühlen lassen und auf den ersten Teigboden streichen, dann kalt stellen. Inzwischen Vanillezucker mit der Sahne verrühren und die Sahne steif schlagen. Auf die kalte Rhabarbermasse streichen. Zuletzt den zweiten Teigboden darauf setzen und mit Puderzucker bestäuben.

Marlies Uhlemayer, Haldenwang

Für den Teig:
4 Eigelb
125 g Butter
125 g Zucker
1 Prise Salz
1 Päckchen Vanillezucker
150 g Mehl
2 gestrichene TL Backpulver
5 EL Milch

Für den Belag:
4 Eiweiß
200 g Zucker
4 EL Mandelblättchen

Für die Füllung:
500 g Rhabarber
4–5 EL Zucker
2 Päckchen Vanillepuddingpulver
400 g Schlagsahne
2 Päckchen Vanillezucker

Puderzucker
Fett für die Form

Glückskäfertorte

Für den Biskuitboden:
3 Eier
100 g Zucker
1 Päckchen Vanillezucker
100 g Mehl
1/2 TL Backpulver

Für den Belag:
500 g Erdbeeren
6 Blatt Gelatine
1 Becher Sahne
500 g Bananenjoghurt

Schokoguss
Zitronenmelisse
Fett für die Form

Den Backofen auf 200 °C vorheizen. Inzwischen für den Biskuitteig die Eier mit dem Zucker und dem Vanillezucker schaumig schlagen. Mehl und Backpulver mischen und darübersieben, vorsichtig unterheben. In eine nur am Boden gefettete Springform (26 cm Durchmesser) füllen, glatt streichen und 20 Minuten backen.

Die Erdbeeren auf den Biskuitboden setzen, dabei 8–9 schöne Erdbeeren für die Verzierung aufheben. Die Gelatine nach Packungsanweisung einweichen und auflösen. Die Sahne steif schlagen und mit dem Joghurt verrühren. Die Gelatine unterrühren, die Masse auf die Erdbeeren geben und fest werden lassen.

Den Schokoguss schmelzen. Für die Käfer die übrig gelassenen Erdbeeren halbieren und mit der Spitze in den Schokoguss tauchen. Aus Papier einen spitzen Trichter drehen, mit Schokoguss füllen und Punkte auf die Erdbeerhälften spritzen. Vor dem Servieren je einen Erdbeerkäfer auf ein Zitronenmelisseblatt setzen und auf der Torte verteilen.

Ute Keppeler, Blöcktach

Zucchinikuchen

500 g Zucchini
3 Eier
400 g Zucker
250 ml Öl
500 g Mehl
1 Päckchen Backpulver
1 Päckchen Vanillezucker
150 g Haselnüsse, gemahlen
1 TL Salz
2 TL Zimt
Fett für die Form
Semmelbrösel für die Form

Den Backofen auf 180 °C vorheizen. Inzwischen die Zucchini raspeln und mit Eiern, Zucker und Öl verrühren. Anschließend Mehl, Backpulver, Vanillezucker, Haselnüsse, Salz und Zimt dazugeben und unterrühren. Den Teig in eine gefettete und mit Semmelbröseln ausgestreute Backform füllen und 60–80 Minuten backen.

Sabine Feierle, Kißlegg

Zwetschgen-Sahne-Torte

Für den Biskuitboden:
4 Eier
4 EL lauwarmes Wasser
125 g Zucker
1 Päckchen Vanillezucker
75 g Mehl
75 g Speisestärke
1 TL Backpulver

Für die Füllung:
10 Blatt Gelatine
500 g Zwetschgen
125 ml Pflaumensaft
1 Zimtstange
125 g Zucker
Schale und Saft von
1/2 Bio-Zitrone
300 g Schlagsahne

1/2 Päckchen weiße
Kuvertüre
400 g Schlagsahne
1 Päckchen Vanillezucker
12 kleine Blättchen
Zitronenmelisse

Den Backofen auf 175 °C vorheizen. Für den Biskuitteig die Eier trennen. Eiweiß und Wasser steif schlagen. Zucker und Vanillezucker dazugeben, das Eigelb unterrühren. Mehl, Speisestärke und Backpulver mischen und unter die Eimasse ziehen. Die Masse in eine mit Backpapier ausgelegte Springform (26 cm Durchmesser) füllen und etwa 30 Minuten backen. Anschließend kurz warten, aus der Form lösen und auskühlen lassen.

Für die Füllung die Gelatine einweichen. Die Zwetschgen waschen, abtropfen lassen und alle bis auf 2 Stück entsteinen. Zwetschgen, Pflaumensaft, Zimtstange, Zucker, Zitronensaft und -schale 5–10 Minuten zusammen kochen. Zimt und Zitronenschale herausnehmen. Die Zwetschgenmasse pürieren, durch ein Sieb streichen und die ausgedrückte Gelatine im Püree auflösen. Kalt stellen.

Den Biskuitboden einmal horizontal durchschneiden, sodass zwei Böden entstehen. Den unteren Boden auf einen Tortenteller setzen und den Springformrand darumlegen. 300 g Sahne steif schlagen und unter das Püree heben. Die Masse auf den unteren Boden streichen. Mit dem zweiten Boden bedecken. Anschließend die Torte kühl stellen.

Inzwischen die Kuvertüre im warmen Wasserbad schmelzen. Dünn auf ein Marmorbrett streichen und kalt stellen. Danach mit einem Spachtel dünne Schokoröllchen ablösen und kühl stellen.

400 g Sahne mit 1 Päckchen Vanillezucker steif schlagen. Den Springformrand von der Torte lösen, 2/3 der Sahne in einen Spritzbeutel mit Sterntülle füllen. Torte mit Sahnetupfern verzieren. Die restlichen Zwetschgen in dünne Spalten schneiden. Die Torte mit Zwetschgenspalten, Melisse und kleinen Schokoröllchen garnieren. Mit der restlichen Sahne den Tortenrand bestreichen.

Barbara Kutter, Dietmannsried

Käsfüßle

250g Mehl
1 gestrichener TL Backpulver
1 Prise Salz
1 Msp. Paprikapulver
1 Ei
125 ml Sahne
125 g Butter
200 g Gouda oder Emmentaler, gerieben
1 Eigelb zum Bestreichen
Sesam, Mohn oder Kümmel zum Verzieren

Den Backofen auf 180 °C vorheizen. Inzwischen Mehl, Backpulver, Gewürze, Ei, Sahne, Butter und Käse zu einem Knetteig verarbeiten und 15 Minuten kalt stellen. Den Teig anschließend 0,5 cm dick ausrollen und mit einem Ausstechförmchen in Fußform die Füßle ausstechen. Auf ein mit Backpapier ausgelegtes Blech legen, mit Eigelb bestreichen und je nach Geschmack mit Sesam, Mohn oder Kümmel verzieren. Im heißen Backofen 12–15 Minuten backen.

Sylvia Mang, Memmingerberg

Laugenbrezeln

420 ml Milch
1 Würfel Hefe (40 g)
600 g Mehl
2 TL Salz
300 ml Wasser
2 EL Natron
etwas grobes Salz oder Sesam

Die zimmerwarme Milch, Hefe, Mehl und Salz in eine Schüssel geben und gut verkneten. Den Teig an einem warmen Ort gehen lassen, bis sich scin Volumen verdoppelt hat. Den Backofen auf 220 °C vorheizen. Inzwischen den Teig zu 10 dünnen, gleich langen Teigwürsten rollen und zu 10 Brezeln formen.

Wasser und Natron in einem Topf aufkochen. Ein Backblech mit Backpapier auslegen und die Brezeln darauflegen. Mit einem Pinsel die Natronlauge auf die Brezeln streichen. Mit grobem Salz oder Sesam bestreuen. Im heißen Backofen auf mittlerer Schiene 20–30 Minuten backen, bis die Brezeln goldbraun sind.

Thomas Schorer, Unteregg

Aus dem Vorrat

Johannisbeer-Renekloden-Marmelade

Für 5–6 Gläser:
600 g rote Johannisbeeren
600 g Renekloden
500 g Gelierzucker 2:1

Die Johannisbeeren waschen und im Mixer zerkleinern, anschließend durch ein Sieb streichen. Die Renekloden häuten, entsteinen und ebenfalls mixen. Die Früchte in einem Topf miteinander verrühren und mit dem Gelierzucker mischen. Das Ganze erhitzen und 6–8 Minuten kochen. Anschließend heiß in Schraubgläser abfüllen.

Tipp: Man kann in die Deckel der Gläser noch etwas Rum geben, das macht die Marmelade noch länger haltbar.
Margit Angerhofer, Lechbruck

Erdbeer-Limetten-Marmelade

Für 6 Gläser:
1,5 kg Erdbeeren
3 Bio-Limetten
500 g Gelierzucker 3:1

Die Erdbeeren waschen, putzen und klein schneiden. Die Limetten heiß waschen und trocken tupfen. Die Schale von 2 Limetten abreiben, anschließend alle Limetten auspressen. Erdbeeren, Limettensaft und Gelierzucker in einem Topf gut verrühren und unter Rühren aufkochen. Die Limettenschale hinzufügen und mindestens 3 Minuten kochen. Anschließend die Marmelade in Schraubgläser füllen und sofort verschließen. Die Gläser 5 Minuten auf den Deckel stellen, dann umdrehen und auskühlen lassen.
Sylvia Mang, Memmingerberg

Brombeer-Johannisbeer-Marmelade

Die Brombeeren waschen und im Mixer zerkleinern. Die Johannisbeeren ebenfalls waschen, mixen und anschließend durch ein Sieb streichen. Die beiden Beerensorten in einem Topf miteinander verrühren und mit dem Gelierzucker mischen. Die Beerenmasse erhitzen und 6–8 Minuten kochen. Anschließend heiß in Schraubgläser abfüllen.

Margit Angerhofer, Lechbruck

Für 5–6 Gläser:
500 g Brombeeren
600 g rote Johannisbeeren
500 g Gelierzucker 2:1

Josta-Himbeer-Brombeer-Marmelade

Die Jostabeeren waschen, im Mixer zerkleinern und durch ein Sieb streichen. Himbeeren und Brombeeren ebenfalls mixen. Die Beeren in einem Topf miteinander verrühren und mit dem Gelierzucker mischen. Die Beerenmasse erhitzen und 6–8 Minuten kochen. Anschließend heiß in Schraubgläser abfüllen.

Margit Angerhofer, Lechbruck

Für 5–6 Gläser:
500 g Jostabeeren
400 g Himbeeren
200 g Brombeeren
500 g Gelierzucker 2:1

Jostabeeren sind eine Kreuzung aus Schwarzen Johannisbeeren und Stachelbeeren. Ihren Namen haben sie von den jeweils ersten beiden Silben ihrer Ursprungspflanzen. In Form und Farbe ähneln die Beeren großen Schwarzen Johannisbeeren.

Apfelgelee

Für 3 Gläser:
etwa 2 kg unreife Äpfel aus dem Garten
Gelierzucker 1:1

Unreife Äpfel sammeln und vierteln (die Kerne sollten noch weiß sein), Kerngehäuse und Schale bleiben dran. Einen 5-Liter-Topf bis etwa 5 cm unter den Rand damit füllen. Die Apfelschnitze knapp mit Wasser bedecken und weich kochen.

Anschließend den Topfinhalt in ein Nesseltuch abgießen und den Saft darunter auffangen. Gut abtropfen lassen. Je nach Apfelsorte und Reifegrad ergibt das 1–2 l Saft. Den Saft abkühlen lassen und abmessen, die anteilige Menge Gelierzucker zugeben (1:1). Den Saft mit dem Gelierzucker nochmals zum Kochen bringen und etwa 4 Minuten sprudelnd kochen lassen. Noch heiß in Schraubgläser abfüllen und verschließen. Die Gläser für einige Minuten auf den Deckel stellen, dann wieder umdrehen und abkühlen lassen.

Maria Kögel, Weitnau

Holunder-Zwetschgen-Kompott

Für 6–8 Gläser:
2 Zimtstangen
2 Sternanis
2 Nelken
1,5 l Holundersaft
1 kg Zwetschgen
500 g Zucker

Die Gewürze in ein Teesieb füllen und mit dem Holundersaft, den Zwetschgen und dem Zucker in einen Topf geben. Alles etwa 5 Minuten kochen lassen. Die Zwetschgen sollten nicht zu weich werden. Das Kompott sofort in Schraubgläser füllen und verschließen. Anschließend die Gläser noch etwa 1 Stunde auf dem Deckel stehen lassen.

Marlene Schwarz, Bernbeuren

Holunderblütengelee

Die Holunderblüten 24 Stunden in Apfelsaft einlegen. Die Holunderblüten absieben. Den Apfelsaft mit dem Gelierzucker 4 Minuten sprudelnd kochen. Das Gelee sofort in vorbereitete Schraubgläser füllen und verschließen.
Silvia Uhl, Erkheim

Für 4–5 Gläser:
4–5 Holunderblüten
1 l Apfelsaft
500 g Gelierzucker 2:1

Holunderblütensirup

Die Holunderblütendolden in 1,5 l kaltes Wasser legen und 2 Tage stehen lassen. Danach das Wasser abseihen und mit 2 kg Zucker aufkochen, zum Schluss Zitronensäure dazugeben. Den Sirup noch heiß in Flaschen abfüllen. Nach einigen Wochen kann man ihn trinken.
Petra Brutscher, Fischen

Für 2,5 Liter:
7–10 Holunderblütendolden
1,5 l Wasser
2 kg Zucker
50 g Zitronensäure

Holundersekt

Für 5–5,5 Liter:
4–5 Holunderblüten
500 g Zucker
5 l Wasser
1 Zitrone, ungespritzt
60 ml Essig

Die Zitrone in Scheiben schneiden und zusammen mit den Holunderblüten, Zucker, Essig und Wasser in einen großen Eimer geben. 1–2 Tage ziehen lassen und mehrmals täglich umrühren. In Flaschen füllen und möglichst bald verbrauchen.
Lucia Diebolder, Lachen

Holunderlikör

Für 1,5 Liter:
1,5 kg Holunderbeeren
750 ml Wasser
1 kg Zucker
1 Vanilleschote
750 ml Rum (56 %)

Den Holunder im Wasser 15 Minuten kochen, dann den Saft durch ein Tuch laufen lassen. Anschließend mit dem Zucker nochmals kurz aufkochen, mit der Vanilleschote erkalten lassen. Den Rum dazugeben und den Likör in Flaschen füllen.

Tipp: Der Likör schmeckt sehr gut zu Eis.
Christoph Diebolder, Lachen

Eierlikör

Für 2 Liter:
12–15 Eigelb
(von ganz frischen Eiern)
500 g Zucker
1 l Sahne
2 Päckchen Vanillezucker
1 l Weinbrand

Eigelb und Zucker schaumig rühren. Sahne und Vanillezucker erhitzen (nicht kochen), dann kalt rühren und zur Eigelbmasse geben. Weinbrand tropfenweise unterrühren. Anschließend in Flaschen füllen. Im Kühlschrank hält sich der Likör etwa 4 Wochen.
Vevi Diebolder, Lachen

Brombeerlikör

Reife Brombeeren waschen und abtropfen lassen. Danach in ein großes, verschließbares Gefäß füllen. Kandiszucker, Vanillezucker und den weißen Rum auf die Beeren geben. Das Gefäß 6–8 Wochen an einen sonnigen Platz stellen und alle 2 Tage einmal kräftig durchschütteln. Abseihen und den Likör in kleine Flaschen abfüllen.

Brigitte Natterer, Bad Grönenbach

Für 1,5 Liter:
750 g Brombeeren
500 g weißen Kandiszucker
2 Päckchen Vanillezucker
2 Flaschen weißen Rum (je 700 ml)

Schlehenlikör

Die Schlehen müssen 1 Tag lang eingefroren werden. Am nächsten Tag die Schlehen in einen Topf geben, leicht mit Wasser bedecken und aufkochen. Anschließend abkühlen lassen. Den Rotwein dazugeben und 1 Woche im Dunkeln ziehen lassen. Die Schlehen abseihen und die Flüssigkeit mit Nelken und Zimtstange aufkochen. Kandis, Vanillezucker und Vanilleschote dazu und alles 5 Minuten kochen lassen. Danach wieder abkühlen lassen, Korn und Rum zugeben. In schöne Flaschen abfüllen.

Ulrike Martin, Seeg

Für 3 Liter:
500 g Schlehen
1 l trockener Rotwein
3 Nelken
1 Zimtstange
1 Päckchen Vanillezucker
1 Vanilleschote
300–400 g Kandiszucker
1 l Korn (38 %)
5 EL Rum (54 %)

Johannisbeerlikör

Johannisbeersaft und Weißwein in einem Topf mischen und 2 Tage stehen lassen. Dann den Zucker zugeben und gut verrühren; einmal aufkochen und anschließend abkühlen lassen. Den Obstler dazugeben und in Flaschen abfüllen.

Monika Zwerger, Obergünzburg-Willofs

Für 2,5 Liter:
1 l Johannisbeersaft
1 l Weißwein
500 g Zucker
250 ml Obstler

Sauerkirschlikör

Für 1–1,5 Liter:
200 g Sauerkirschen
200 g weißer Kandiszucker
1 Stange Zimt
1 Gewürznelke
0,7 l Weinbrand

Einige der Kirschen entsteinen und die Kerne zerkleinern. Die zerkleinerten Kerne zusammen mit allen Kirschen, Kandiszucker, Zimtstange, Gewürznelke und Weinbrand in eine große Flasche füllen und verschließen. Etwa 5–6 Wochen stehen lassen, zwischendurch schütteln. Danach den Likör filtern und in kleine Flaschen abfüllen.

Margit Angerhofer, Lechbruck

Kirschen in Rotwein

Für 12 Gläser:
2 l Rotwein
500 g Zucker
1 Zimtstange
1 Zitronenscheibe
1,5 kg Kirschen, entsteint

Den Wein mit Zucker, Zimt und Zitrone aufkochen, bis sich der Zucker aufgelöst hat. Die Kirschen zugeben und nochmals kurz aufkochen. Noch heiß in heiß ausgespülte Schraubgläser füllen und sofort verschließen.

Tipp: Schmeckt ganz toll über Vanille- oder Schokoladeneis.

Ute Keppeler, Blöcktach

Eingemachte Zucchini

Gurkenmeister, Wasser, Apfelsaft, Zucker, Salz, Curry, Dill und Zitronensaft zusammen aufkochen. Die Zucchini waschen, schälen, entkernen und in Stücke schneiden. Die Paprika klein schneiden und die Zwiebeln in Ringe. Das Gemüse in den aufgekochten Sud geben und kurz dünsten, sodass die Zucchini noch bissfest sind. Anschließend heiß mit Sud in Schraubgläser abfüllen und verschließen.

Tipp: Eignet sich gut als Beilage zur Brotzeit oder zum Grillen.

Roswitha Klaus, Probstried

Für 10–12 Gläser:
1 Flasche Gurkenmeister
1 l Wasser
0,5 l Apfelsaft
200 g Zucker
4 TL Salz
1 TL Curry
etwas Dill
Saft von 2 Zitronen
2 kg Zucchini
500 g Paprika
500 g Zwiebeln

Eingelegte Knoblauchzehen

Die Knoblauchzehen schälen und in ein großes Einmachglas geben. Die Kräuter und die Peperoni dazugeben. Das Ganze mit dem Öl aufgießen und 8 Tage durchziehen lassen.

Barbara Enzensberger, Stötten am Auerberg

Für 1 Glas:
8 Knoblauchzehen
1–2 Zweige Rosmarin, Thymian oder Oregano
1 Peperoni
500 ml Öl

Kürbis in Weißwein

Für 4–5 Gläser:
3 Bio-Zitronen
1 l Weißwein
1 kg Zucker
2,5 kg Kürbis
2 Zimtstangen
12 Nelken
1 Bio-Orange

Die Zitronen dünn schälen (anschließend aufheben), die Schale klein schneiden und mit dem Wein übergießen. Zugedeckt über Nacht stehen lassen. Am nächsten Tag die Schalen abseihen und den Wein in einen Topf gießen. Den Saft der Zitronen und den Zucker zum Wein geben und verrühren. Dabei langsam aufkochen, bis sich der Zucker aufgelöst hat. Inzwischen den Kürbis in Würfel schneiden. Die Kürbiswürfel in den Weißweinsud geben und bei schwacher Hitze so lange kochen, bis der Kürbis glasig, aber noch nicht zu weich ist.

Die Kürbiswürfel anschließend abschöpfen und in einen Steintopf geben. Die Orange dünn schälen. Abwechselnd Zimtstangen, Nelken und Orangenschale über die Kürbiswürfel geben. Den Weißweinsud noch 15 Minuten weiterköcheln und dann heiß über die Kürbiswürfel gießen. Das Ganze zugedeckt 3 Tage stehen lassen.

Dann den Sud in einen Topf abgießen, aufkochen, und nur die Kürbiswürfel dazugeben (die Gewürze aufheben). Alles noch mal aufkochen und anschließend heiß zusammen mit den Gewürzen in Schraubgläser füllen. Die Gläser randvoll machen, die Kürbiswürfel sollten mit Flüssigkeit bedeckt sein. Zuschrauben und auf den Deckel stellen, bis der Inhalt abgekühlt ist. So sind sie mehrere Jahre haltbar.
Barbara Diebolder, Lachen

Eingelegte Rote Bete

Die Rote Bete waschen und bissfest kochen. Anschließend schälen und in 0,5 cm dicke Scheiben schneiden. Die Zwiebeln ebenfalls in Scheiben schneiden. Rote Bete mit Zwiebelscheiben, Lorbeerblättern, Kümmel und Nelken in Schraubgläser füllen. Das Wasser aufkochen, Zucker, Salz und Essig dazugeben und über die Rüben in die Gläser gießen. Sorgfältig verschließen und im Einkochautomat 30 Minuten bei 98 °C einkochen (im Schnellkochtopf: Gläser in den Topf stellen, 250 ml Wasser dazugeben, Topf schließen; kochen lassen, bis das Ventil herauskommt). Anschließend abkühlen lassen. Die Gläser halten sich etwa 1 Jahr.

Angela Schütz, Leutkirch

Für 15–17 Gläser:
30 Rote Beten
3 Zwiebeln
einige Lorbeerblätter
Kümmel, Nelken
750 ml Wasser
125 g Zucker
1 EL Salz
250 ml Essig

Rezeptregister

Eingelegte Rote Bete

Für 15–17 Gläser:
30 Rote Beten
3 Zwiebeln
einige Lorbeerblätter
Kümmel, Nelken
750 ml Wasser
125 g Zucker
1 EL Salz
250 ml Essig

Die Rote Bete waschen und bissfest kochen. Anschließend schälen und in 0,5 cm dicke Scheiben schneiden. Die Zwiebeln ebenfalls in Scheiben schneiden. Rote Bete mit Zwiebelscheiben, Lorbeerblättern, Kümmel und Nelken in Schraubgläser füllen. Das Wasser aufkochen, Zucker, Salz und Essig dazugeben und über die Rüben in die Gläser gießen. Sorgfältig verschließen und im Einkochautomat 30 Minuten bei 98 °C einkochen (im Schnellkochtopf: Gläser in den Topf stellen, 250 ml Wasser dazugeben, Topf schließen; kochen lassen, bis das Ventil herauskommt). Anschließend abkühlen lassen. Die Gläser halten sich etwa 1 Jahr.

Angela Schütz, Leutkirch

Rezeptregister

Tipp: Urlaub auf dem Bauernhof

Folgende Landfrauen bieten Urlaub auf dem Bauernhof an:

Sofie Albrecht:
Ferienhof »Drei Linden«
Ehemaliger Bauernhof, idyllisch am Waldrand gelegen, mit Bergblick.
Mehr unter www.dreilindenhof.de

Tanja Hindelang:
Kinderbauernhof im Allgäu.
Mehr unter www.bauernhof-hindelang.de

Ulrike Martin:
Kinderfreundlicher Bauernhof mit vielen Tieren. Kostenloses Reiten, Kutsch- und Schlittenfahrten, Spielscheune, Billard, Sauna, Fitnessraum und Massagen.
Mehr unter www.bauernhof-urlaub-martin.de

Beatrix Schad:
Zwei neue Ferienwohnungen auf gepflegtem Biohof mit vielen Tieren.
Im Allgäu an der Adelegg in 820 Meter Höhe gelegen. Familie Schad, Krummen 1, 88316 Isny-Kreuzthal, Tel. 07569/1265.
Mehr unter www.biohof-schad.de

Claudia Schall:
Urlaub auf dem Bauernhof in 4-Sterne-Ferienwohnungen mit Reitschule (Reitunterricht für Anfänger und Fortgeschrittene) und Wellnessbereich. Ideal für Familienurlaub. Umgeben von zahlreichen Seen und wunderschönen Bergen. Viele Ausflugsmöglichkeiten.
Mehr unter www.reiterhof-allgaeu.de